AUSBILDUNG ENTSCHIEDENER NACHFOLGER

Ein Handbuch zur Unterstützung von Jüngerschafts-Training in Kleingruppen, Hausgemeinden und Kurzzeit-Missionseinsätzen, die zu Gemeindegründungs-Bewegungen führen.

Ausbildung entschiedener Nachfolger

Ein Handbuch zur Unterstützung von Jüngerschafts-Training in Kleingruppen, Hausgemeinden und Kurzzeit-Missionseinsätzen, die zu Gemeindegründungs-Bewegungen führen.

Von Daniel B. Lancaster, Ph.D.

Herausgegeben von: T4T Press

Erstausgabe, 2011

Alle Rechte vorbehalten. Kein Teil dieses Buches darf in welcher Form oder durch welche Mittel auch immer reproduziert oder übertragen werden, weder elektronisch noch mechanisch, einschließlich Fotokopien, Aufnahmen oder Informationsspeicher- und -erfassungssysteme, ohne schriftliche Einverständniserklärung des Autors, außer kurze Zitate in einer Rezension.

Copyright 2011 Daniel B. Lancaster

ISBN 978-1-938920-11-0 gedruckt

Alle Bibelzitate für die deutsche Übersetzung, sind www.bibleserver.com entnommen, Luther-Übersetzung 1984, © 2012 ERF Online & Deutsche Bibelgesellschaft, Stiftung Christliche Medien, Brunnen-Verlag, Genfer Bibelgesellschaft, Katholisches Bibelwerk, Crossway, Biblica, ERF Medien Schweiz, TWR

Library of Congress Cataloging-in-Publication Data

Lancaster, Daniel B.

Ausbildung entschiedener Nachfolger: Ein Handbuch zur Unterstützung von Jüngerschafts-Training in Kleingruppen, Hausgemeinden und Kurzzeit-Missionseinsätzen, die zu Gemeindegründungs-Bewegungen führen./Daniel B. Lancaster.

Enthält bibliographische Bezüge.

ISBN 978-0-9831387-0-9

1. Folge Jesus Training: Grundlegende Jüngerschaft – Vereinigte Staaten. 1. Titel.

Empfehlungen

„Es besteht immer ein Bedarf an Büchern, welche die Ausbreitung der Mission und Gemeindewachstum mit den Augen der Erfahrung und Hingabe sehen. Das Folge Jesus Training ist so eine Reihe. Es vereinfacht die Strategie Jesu, die Nationen der heutigen Welt zu erreichen.

Dieses Buch ist von einem Pragmatiker geschrieben worden, nicht nur von einem Theoretiker. Die Lektüre des Folge Jesus Trainings wird Sie bereichern, es ist ein neuer Ansatz aus der Feder des Missionarsveteranen Dan Lancaster."

Roy J. Fish
Professor im Ruhestand
Southwestern Baptist Theological Seminary

Sind Sie auf der Suche nach etwas praktischem, um aus Suchenden Jünger und neue Gläubige in meiner Kulturgruppe zu machen? Das ist es!

Ein dreitägiger Jüngerschaftskurs, der so einfach zu befolgen ist, dass auch Nachfolger, die neu im Glauben sind, ihn verwenden können, um andere anzuleiten und im Zuge dessen sofortigen, liebevollen Gehorsam gegenüber Jesu Geboten zu erfahren. Dan Lancaster hat tonnenweise Erfahrung, erprobte Verfahren und Bibelstellen hineingepackt und daraus ein Werkzeug gemacht, das ich mitnehmen werde."

Galen Currah
Paul Timothy Trainerberater im Außendienst
www.Paul-Timothy.net

„Der klare und sich wiederholende Ansatz dieses Jüngerschaftskurses bietet einen effektiven Rahmen für das Verständnis von Menschen, die noch jung im Glauben sind, um mit den Grundlagen des Glaubens zurecht zu kommen und mit anderen zu teilen, was er oder sie lernt."

Clyde D. Meador
Stellvertretender Vorsitzender
International Mission Board, SBC

„Ich habe anhand dieses Materials hunderte von Leitern hier in Amerika unterrichtet, und ich erhalte immer dieselben beiden Antworten: "Das ist so einfach." und "Ich wünschte, ich hätte das schon vor Jahren gelernt." Die Wahrheit in diesem Handbuch ist ansteckend, praktisch, erprobt und effektiv bei der Ausbildung von Nachfolgern, die Nachfolger ausbilden. Ich empfehle es aus tiefstem Herzen!"

Roy McClung
Missionar/Berater
www.MaximizeMyMinistry.com

Empfehlungen

"Dies ist ein Katechismus für den TKP*-Bereich. Es ist die einfache Anwendung eines messbaren Prozesses, um ein grundlegendes Rahmenwerk für ein ergebnisreiches Leben der Nachfolge bereitzustellen. Es ist voller wertvoller, praktischer Trainings-Tipps."

*TKP – Tausender-Kontakt-Preis; Begriff aus der Werbung; Werbekosten für die Erreichung von Tausend Kontakten eines Werbemediums (Anmerkung der Übersetzerin)

Curtis Sergeant
Vize- Präsident globale Strategien
E3 Partners Ministry
www.e3partners.org

„Folge Jesus Trainingsbuch 1 – Ausbildung entschiedener Nachfolger ist die Art von praktischem Jüngerschafts-Werkzeug, welche Menschen, die noch jung im Glauben sind, auf der ganzen Welt anwenden können, um ihr Fundament in Jesus fest zu machen. Es lehrt die Gläubigen, Gott aus ganzem Herzen, mit ganzer Seele, Geist und Kraft zu lieben. Es bietet auch Verfahren, die sowohl junge Gläubige als auch reifere Gläubige anwenden können, um die Liebe Christi mitzuteilen.

Vom ersten Tag an entwickeln die Lernenden ein Bewusstsein für die verlorene und sterbende Welt. Trainer leiten andere an, das Gelernte weiterzugeben, wenn sie mit Jesu Licht in dunkle Bereiche treten. Es ist praktisch, anwenderfreundlich, biblisch und mutig."

Gerald W. Burch
Missionar im Ruhestand
International Mission Board, SBC

„Dan Lancaster hat eine einfache, biblische und nachvollziehbare Methode zur Ausbildung entschiedener Nachfolger Christi zur Verfügung gestellt. Wonach suchen Sie noch? Dan verwendet acht einfache Bilder von Jesus, um den Gläubigen zu helfen, im Herrn zu wachsen. Diese Prinzipien wurden in der Feuerprobe der Missionserfahrung erprobt und werden auch bei Ihnen funktionieren."

Ken Hemphill
Nationaler Stratege der Empowering Kingdom Growth Bewegung
Autor, Referent, Wachstums-Berater und
Professor für Evangelisation und Gemeindewachstum

„Ich habe mit diesem Script auf den Philippinen gearbeitet und liebe es, weil ES FUNKTIONIERT. Ich habe meine Schüler gefragt, warum sie das Lehrmaterial mögen und sie antworteten, „weil diejenigen, die wir unterrichten auch andere unterrichten können!" Das ist der große Wert dieser einfachen Lektionen… sie sind NACHVOLLZIEHBAR.

Wir haben Juristen, Ärzte, Militär-Oberste, Geschäftsleute, Witwen und Wachleute erlebt, Gebildete und Ungebildete verwenden alle dieses Lehrmaterial, um andere auszubilden, die wiederum andere ausbilden."

Darrel Seale
Missionar auf den Philippinen

„Als vollzeitlicher Gemeindegründer sowohl in ländlichen Gegenden als auch in städtischen Gebieten Thailands seit über 30 Jahren habe ich zu oft "verkümmerte Gemeinden" gesehen – Gemeinden, die weiterhin von externen Leitern abhängig waren was den Großteil ihrer geistlichen Nahrung anbelangt. Dieser Umstand wurde größtenteils dadurch verursacht, dass die Gründer dieser Gemeinden westlich orientierte Lehrmethoden einsetzten, die von den Gläubigen hier im Land nicht nachvollzogen werden konnten. Wenige dieser Gemeinden haben jemals weitere Ableger gegründet – sie waren von Geburt an verkrüppelt!

Dieses Lehrmaterial gibt uns zwei Schlüssel, um sicherzustellen, dass die Botschaft von einem Gläubigen zum nächsten weitergegeben wird: die Einfachheit von Nachvollziehbarkeit und Wiederholung"

Jack Kinnison
Missionar im Ruhestand
International Mission Board, SBC

„Jesus sagte, wenn ihm jemand nachfolgen will, müsse er "sich selbst verleugnen und sein Kreuz auf sich nehmen und ihm nachfolgen." Als Lehrer, Pastor, Vater und Missionar versteht Dan Lancaster die grundlegenden und unersetzbaren Anforderungen der Nachfolge. Dieses Training ist wertvoll und strategisch und passt sowohl in ein abgelegenes Dorf als auch in den Hörsaal einer Universität.

Die Berufung zur Nachfolge ist universell und Dr. Lancaster hat eine Methode entwickelt, die in jeder Kultur und jedem Rahmen anwendbar und nachvollziehbar ist. Die Verwendung einfacher und solider Lehrmethoden macht das Folge Jesus Training zu einer Jüngerschaftsschule, die sowohl Spaß macht als auch in Erinnerung bleibt. Das Folge Jesus Training ist das Komplettpaket für Nachfolger: biblisch, nachvollziehbar, praktisch und vervielfachend."

Bob Butler
Landesdirektor
Cooperative Services International
Phnom Penh, Königreich Kambodscha

Dr. Dan Lancaster hat nicht nur das Evangelium gründlich studiert, sondern auch Kultur. Er hat uns einen einfachen und machbaren Prozess an die Hand gegeben, um anderen Menschen zu helfen, stark im Glauben an den Herren zu wachsen, welcher den Methoden Jesu folgt, ohne "programmorientiert" zu werden. Dieser Prozess für Hausgemeinden ist Christus-zentriert und orientiert sich an den Nachfolgern. Ich empfehle diesen Prozess absolut und bete, dass er die Kultur der Hausgemeinden durchdringt und auch in der traditionellen Kirche Nordamerikas zum Einsatz kommt."

Ted Elmore
Gebetsstratege und Stratege für Außeneinsätze
Southern Baptists of Texas Convention

Inhalt

Empfehlungen 3
Vorwort 11
Danksagungen 13
Einführung 15

Teil 1: Das A Und O

Jesu Strategie 23
Trainer ausbilden 31
Einfacher Lobpreis 39

Teil 2: Training

Willkommen 47
Vervielfachung 55
Liebe 71
Gebet 83
Gehorsam 97
Wandeln im Heiligen Geist 113
Gehen 129
Mitteilen 141
Säen 157
Kreuz auf sich nehmen 169

Teil 3: Quellennachweis

Quellennachweis 177
Weitere Lektüre 179
Endnoten 181
Anhang A 183
Anhang B 185
Anhang C 195
Weitere Quellen 201

Vorwort

"...und lehret sie halten alles, was ich euch befohlen habe."

Diese Schlussworte des Missionsauftrages sind für uns heute genauso wichtig und herausfordernd wie sie es damals waren, als Christus sie vor 2000 Jahren aussprach. Was bedeutet es, alles zu halten, was Christus befohlen hat? Der Apostel Johannes sagt uns, dass, wenn wir alles aufschreiben sollten, was Jesus gesagt und getan hat, wir damit alle Bücher der Welt füllen würden (Johannes 21, 25). Sicher, Jesus hatte etwas Prägnanteres im Sinn. Im ersten Teil des Folge Jesus Trainings mit dem Untertitel *Ausbildung entschiedener Nachfolger,* hat Dan Lancaster acht Bilder von Jesus als den Evangelien herausgenommen, die, wenn man ihnen nacheifert, einen Nachfolger Christi zu einem Christus-ähnlichen Jünger machen können.

Mit *Ausbildung entschiedener Nachfolger,* hat Dan höhere Ziele gesteckt als nur das Herausgeben eines weiteren Buches über Jüngerschaft. Dan hat sich darauf konzentriert, eine Bewegung zur Jüngerschafts-Vervielfachung zu schaffen. Für diesen Zweck hat er vier Jahre lang an seinem Jüngerschafts-Programm gebastelt, es getestet, bewertet und korrigiert bis er nicht nur neue Gläubige zu Christus-ähnlichen Jüngern werden sah, sondern auch dass diese ausgebildeten Nachfolger selbst zu effektiven Ausbildern von Nachfolgern wurden.

Nach der Entwicklung dieses Jüngerschafts-Systems hat Dr. Lancaster dem gesamten Leib Christi einen Dienst erwiesen, indem er diese Lektionen in ein anwenderfreundliches, nachvollziehbares Format komprimiert hat, das in jeder Kultur dieser Welt angewandt werden kann. *Ausbildung entschiedener Nachfolger* ist ein dynamischer Beitrag zu dem niemals endenden Versuch, wie Jesus zu sein und das Reich Gottes durch neue Nachfolger in der Welt auszubreiten.

Nachfolger auszubilden in einem Zeitalter, das so tief in den Wegen dieser Welt verstrickt ist, ist nicht einfach, aber es ist auch weder unmöglich noch optional. Während Sie sich mehr mit Dan Lancasters *Ausbildung entschiedener Nachfolger* befassen, werden Sie einen Glaubensbruder und Jüngerschafts-Ausbilder kennenlernen, der Ihnen eine getestete und erprobte Landkarte für Ihren weiteren Weg aufzeigen kann.

David Garrison
Chiang Mai, Thailand
Autor – Gemeindegründungs-Bewegungen:
Wie Gott eine verlorene Welt erlöst

Danksagungen

Ein Dankeschön an drei Gemeinden in Amerika, wo das Folge Jesus Training vor 15 Jahren seinen Anfang nahm: die Community Bible Church, Hamilton, Texas (eine neu gegründete Gemeinde auf dem Land), die New Covenant Baptist Church, Temple, Texas (eine etablierte, jüngerschaftsorientierte Gemeinde) und die Highland Fellowship, Lewisville, Texas (eine neu gegründete Gemeinde in einem städtischen Außenbezirk). Im Laufe der Jahre wuchs das Folge Jesus Training von vier auf sieben und schließlich acht Bilder Christi an. Wir haben vieles zusammen geteilt, und Eure Liebe und Gebete haben zu Fruchtbarkeit für die Nationen geführt!

In einigen Ländern Südostasiens haben Partner vor Ort geholfen, das Folge Jesus Training auf internationaler Ebene weiterzuentwickeln und umzusetzen. Aufgrund von Sicherheitsbedenken in diesen Ländern, kann ich ihre Namen nicht veröffentlichen. Insbesondere eine Gruppe von drei Einheimischen hat beim Feldversuch des Trainings geholfen und fährt fort, die nachfolgenden Generationen von Nachfolgern zu lehren wieder andere auszubilden.

Ein Dankeschön an die vielen Trainings-Teilnehmer, die Gebetsunterstützung, Feedback und Ermutigung während des gesamten vierjährigen Entwicklungsprozesses in Südostasien gaben. Ihr habt dabei geholfen, dem Training auf bedeutsame Weise eine Richtung zu geben und es zu verbessern.

Jeder von uns ist das Produkt der Investitionen von Mentoren und Lebenserfahrungen. Ich möchte Rev. Ronnie Capps, Dr.

Roy J. Fish, Rev. Craig Garrison, Dr. David Garrison, Dr. Elvin McCann, Rev. Dylan Romo und Dr. Thom Wolf danken für den Einfluss, den sie auf mein Leben als ein Nachfolger Jesu hatten. Besonderer Dank geht an Drs. George Patterson und Galen Currah für einige der aktiven Lern-Theaterstücke in diesem Training.

Schließlich danke ich meiner Familie für ihre Unterstützung und Ermutigung. Meinen Kindern Jeff, Zach, Karis und Zane, seid bitte weiterhin eine unendliche Quelle an Glauben, Hoffnung und Liebe.

Holli, meine Frau, hat bemerkenswerte Arbeit geleistet, indem sie das Manuskript mehrmals gelesen und Vorschläge gemacht hat. Sie hat einige gute Ideen aus den Trainings-Seminaren, die sie geleitet hat, hinzugefügt und war ein treuer Resonanzboden für viele der Konzepte, die während der letzten 15 Jahre ausgearbeitet wurden.

Möge Gott Euch alle segnen während wir weiterhin leidenschaftliche geistliche Leiter ausbilden und den Nationen Heilung bringen!

Daniel B. Lancaster, Ph.D.
Südostasien

Einführung

Willkommen zu *Ausbildung entschiedener Nachfolger,* Teil 1 des Folge Jesus Trainings (FJT)! Möge Gott Sie segnen und wachsen lassen in der Nachfolge seines Sohnes. Möge sich die Fruchtbarkeit Ihres Dienstes hundertfach vermehren während sie mit Jesus ihre unerreichte Volksgruppe (UVG) nach und nach durchdringen.

Das Handbuch, welches Sie in Ihren Händen halten, ist ein komplettes Trainings-System, welches auf der Strategie Jesu zur Erreichung der Welt basiert. Es ist das Ergebnis jahrelanger Forschung und Tests sowohl in Nordamerika als auch in Südostasien. Dieses System ist keine Theorie, sondern Praxis. Setzen Sie es bei Ihrer Mission mit Gott ein, um einen Unterschied auf der Welt auszumachen. Wir haben das getan, und Sie können das auch.

Nach der Gründung einer Gemeinde auf dem Land und einer Gemeinde in einem städtischen Außenbezirk in Amerika verspürte unsere Familie die Berufung, nach Südostasien zu gehen, um Leiter auszubilden und zu trainieren. Ich war schon über zehn Jahre lang Gemeindegründer in Amerika und hatte auch andere Gemeindegründer ausgebildet. Wie schwierig konnte es also sein, auf einen anderen Kontinent zu ziehen und dort dasselbe zu tun? Unsere Familie zog los in das Missionsfeld mit Anmaßung und großen Hoffnungen.

Während ich die Sprache erlernte, fing ich an, zusammen mit einem einheimischen Partner andere auszubilden. Wir fingen an, indem wir einen einwöchigen Trainingskurs zu grundlegender Nachfolge und Gemeindegründung anboten. Normalerweise kamen 30 bis 40 Teilnehmer zum Kurs. Sie teilten uns oft mit, wie gut die Lektionen waren und wie sehr sie unsere Lehre schätzten. Trotzdem fing eine Sache an, mich zu beunruhigen: Es war offensichtlich, dass sie anderen nicht das beibrachten, was sie gelernt hatten.

Nun, in Amerika "kommt man damit durch, dass sie andere nicht unterrichten", weil es im Herzen unserer Kultur ein biblisches Verständnis gibt (oder gab), selbst unter den Verlorenen. In Südostasien jedoch gibt es kein biblisches Verständnis unter den Verlorenen. In Amerika kann man eventuell damit rechnen, dass dieser Mensch wahrscheinlich einen anderen Christen trifft, der ihn oder sie beeinflusst; auf dem Missionsfeld existiert eine solche Garantie nicht.

OK, hier waren wir also in einer Zwickmühle. Wir unterrichteten die Einheimischen mit etwas, das wir für „gute Dinge" hielten, aber sie gaben es nicht weiter. Tatsächlich sah es so aus als würden wir "professionelle Seminarbesucher" anziehen. Die Tatsache, dass wir Essen während der gesamten Kurswoche anboten in einem Land, das voller Armut steckt, unterminierte die Ergebnisse ebenfalls. Was dann passierte, überraschte und beschämte mich.

Nach einer Kursveranstaltung setzte ich mich mit meinem Dolmetscher in eine Teestube und stellte ihm eine einfache Frage:

"John[1]. Wie viel von der Ausbildung, die wir diese Woche durchgenommen haben wird deiner Meinung nach von den Leuten umgesetzt und an andere weitergegeben?"

John dachte eine Zeit lang darüber nach und mir war klar, dass er mir nicht antworten wollte. In seiner Kultur sollte ein Schüler einen Lehrer niemals kritisieren, und er hatte das Gefühl, dass es das war, was ich von ihm verlangte. Nach einer längeren

---

[1] Name aus Sicherheitsgründen geändert.

Einführung

Unterhaltung und Rückversicherung meinerseits, gab er mir eine Antwort, die alles veränderte:

"Dr. Dan, ich denke, sie werden ungefähr zehn Prozent von dem umsetzen, was du ihnen die vergangene Woche beigebracht hast."

Ich war perplex und versuchte, es mir nicht anmerken zu lassen. Stattdessen stellte ich John eine weitere Frage, die einen Prozess in Gang setzte, den wir die nächsten zweieinhalb Jahre verfolgten:

"John, kannst du mir die zehn Prozent zeigen, von denen du denkst, dass sie umgesetzt werden? Mein Plan ist es, diese zehn Prozent beizubehalten, den Rest zu verwerfen und das Training umzuschreiben, bis sie alles anwenden, was wir ihnen beibringen."

John zeigte mir die zehn Prozent, von denen er annahm, dass sie tatsächlich umgesetzt werden. Wir verwarfen den Rest und schrieben das Training für das nächste Treffen um. Einen Monat später boten wir einen weiteren einwöchigen Kurs an, und ich stellte John hinterher dieselbe Frage: Wie viel Prozent werden sie umsetzen?

John sagte, "Dr. Dan, ich bin mir ziemlich sicher, sie werden 15 Prozent von dem umsetzen, was du dieses Mal unterrichtet hast."

Ich war sprachlos. Was John nicht wusste war, dass ich das Training des Vormonats umgeschrieben hatte, das "Beste vom Besten" von allem hineingesteckt hatte, was ich als Pastor in Amerika gelernt hatte, während ich andere Gemeindegründer ausgebildet hatte. Dieses Seminar enthielt das Beste, was ich zu geben hatte… und die Teilnehmer würden nur 15 Prozent davon umsetzen!
 Somit begann der Prozess, den wir zweieinhalb Jahre lang verfolgten, indem wir das System des Folge Jesus Trainings

verfeinerten und entwickelten. Jeden Monat unterrichteten wir in einwöchiges Seminar und hielten nach dem abgeschlossenen Seminar eine Feedback-Runde. Eine Frage beherrschte unsere Bemühungen: Welchen Prozentsatz dessen, was wir unterrichteten, würden sie aufgrund des Trainings umsetzen?

Im dritten Monat stieg unser Prozentsatz auf 20 Prozent; im nächsten Monat auf 25 Prozent. In manchen Monaten machten wir überhaupt keine Fortschritte. In anderen Monaten wiederum machten wir einen Sprung vorwärts. Während der Entwicklungsphase wurde ein Grundsatz jedoch klar. Je mehr wir andere darin ausbildeten, dem Beispiel Jesu zu folgen, desto wahrscheinlicher würden sie auch andere ausbilden dasselbe zu tun.

Ich erinnere mich noch an den Tag, an dem John und andere Einheimische mir mitteilten, dass die Teilnehmer, die wir ausgebildet hatten, 90 Prozent von dem anwandten, was wir ihnen beigebracht hatten. Wir hatten da schon lange unsere westlichen und asiatischen Methoden, unsere Ausbildung während des Studiums und unsere Erfahrungen über Bord geworfen und gelernt, uns auf nichts weiter zu verlassen als das Beispiel, das Jesus uns zur Nachfolge gegeben hat.

Dies ist die Geschichte, wie das Folge Jesus Training (FJT) entstanden ist. *Ausbildung entschiedener Nachfolger* ist ein praktisches Trainings-System, welches Gläubige ausrüstet, den fünf Schritten von Jesu Strategie zur Erreichung der Nationen zu folgen wie wir sie den Evangelien, der Apostelgeschichte, den Briefen an die Gemeinden im Neuen Testament und der Kirchengeschichte entnehmen können. Das Ziel der Trainingsreise ist Transformation und nicht Information. Aus diesem Grund sind die Lektionen einfache "Samenkörner" geistlicher Schlüsselwahrheiten; darüber hinaus sind sie höchst nachvollziehbar. Sie folgen dem geistlichen Prinzip "ein bisschen Sauerteig durchsäuert den ganzen Teig" und ermächtigen die Gläubigen, leidenschaftliche Nachfolger Christi zu werden, die dasselbe anwenden.

Einführung

Unterrichten Sie das Lehrmaterial dieses Handbuchs so wie es ist mindestens fünfmal, ohne etwas zu verändern (aber unter Anpassung des Trainings auf die kulturellen Gegebenheiten, wo Sie arbeiten). Stellen Sie sich vor, dass das Ausbildungsteam an Ihrer Seite steht und Sie durch die ersten fünf Male anleitet, während Sie dieses Training durchführen. *Ausbildung entschiedener Nachfolger* besitzt einige allumfassende Dynamiken, die nicht offensichtlich sind bis Sie andere Schritt für Schritt einige Male angeleitet haben. Bis zum heutigen Tag haben wir Tausende von Menschen (Gläubige und nicht Gläubige) anhand dieses Lehrmaterials unterrichtet, sowohl in Südostasien als auch in Amerika. Befolgen Sie diesen Vorschlag, um Fehler zu vermeiden, die andere bereits begangen haben! Denken Sie daran: Ein kluger Mensch lernt aus seinen Fehlern; ein weiser Mensch lernt aus den Fehlern anderer.

Wenn Sie damit anfangen, müssen wir Ihnen sagen, dass das Folge Jesus Training uns genau so sehr verändert hat wie jeden und jede, die wir ausgebildet haben. Möge Gott dasselbe und noch reichlich mehr in Ihrem Leben tun!

Teil 1

Das A und O

Jesu Strategie

Jesu Strategie zur Erreichung der Nationen beinhaltet fünf Schritte: stark im Herrn zu wachsen, das Evangelium mitzuteilen, Jünger auszubilden, Gruppen zur Gemeindeleitung zu initiieren und Leiter auszubilden. Jeder Schritt steht für sich allein, verstärkt aber auch die anderen Schritte in einem kreislaufartigen Prozess. Das Lehrmaterial des FJT ermöglicht es den Ausbildern, ein Auslöser einer Gemeindegründungsbewegung in ihrem Volk zu werden, indem sie Jesus folgen.

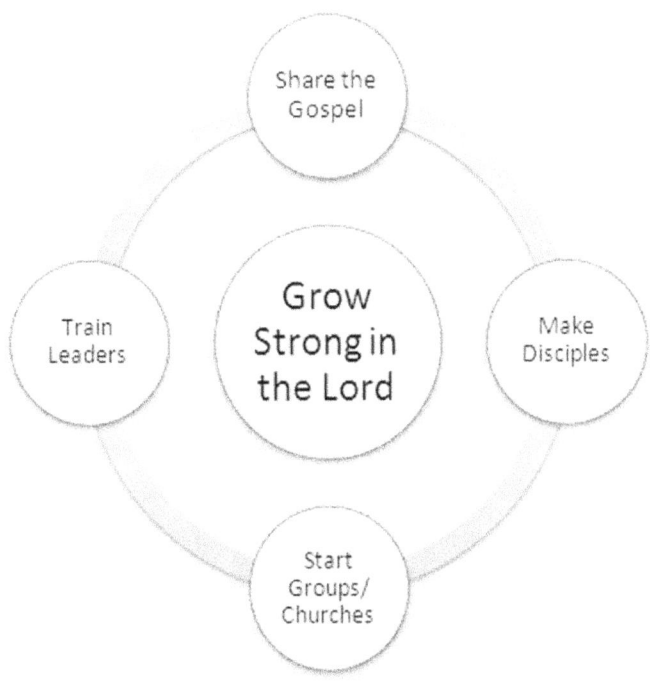

Ausbildung entschiedener Nachfolger befasst sich mit den ersten drei Schritten: Stark im Herrn wachsen, das Evangelium mitteilen und Jünger ausbilden. Den Lernenden wird eine Vision zur Vervielfachung gegeben und folgendes beigebracht: eine Kleingruppe zu leiten, zu beten, den Geboten Jesu zu gehorchen und in der Kraft des Heiligen Geistes zu wandeln (stark im Herrn zu wachsen). Dann entdecken die Lernenden, sich mit Gott zu verbinden, wo auch immer sie arbeiten mögen; sie lernen, ihr Zeugnis weiterzugeben, das Evangelium zu säen und eine Vision der Vervielfachung in ihrem Volk mit anderen zu teilen (das Evangelium mitzuteilen). Der Abschluss des Kurses rüstet die Lernenden mit den Werkzeugen aus, Jünger auszubilden (Schritt drei) und sie in Gruppen zu führen.

Lernende, die andere ausbilden, indem sie konsequent *Ausbildung entschiedener Nachfolger* einsetzen, können auch weitermachen, indem sie entweder *Aufbau entschiedener Gemeinden* oder *Ausbildung entschiedener Leiter* verwenden, abhängig von ihren Bedürfnissen. *Aufbau entschiedener Gemeinden* ist ein Trainings-System, das darauf ausgerichtet ist, Gemeinden zu ermöglichen, neue Gruppen und Gemeinden aufzubauen (der vierte Schritt in Jesu Strategie), was zu einer Gemeindegründungs-Bewegung führt. *Ausbildung entschiedener Leiter* ist ein Trainings-System, das entwickelt wurde, um leidenschaftliche geistliche Leiter auszubilden (der fünfte Schritt in Jesu Strategie), was letztendlich auch zum Ziel einer Gemeindegründungs-Bewegung führt. Beide Trainings-Systeme gehen Jesu Dienst und Methode auf den Grund und geben den Lernenden einfache, nachvollziehbare Werkzeuge, die sie bewältigen und an andere weitergeben können.

Die folgenden Schriftstellen bestätigen die fünf oben genannten Schritte im Dienst von Jesus. Die Strategie von Petrus und Paulus zeigt, dass sie Jesus nachahmten, indem sie demselben Muster folgten. Das Folge Jesus Training ermöglicht uns, dasselbe zu tun.

JESUS

STARK IM HERRN WACHSEN

> –Lukas 2,52– *Und Jesus nahm zu an Weisheit, Alter und Gnade bei Gott und den Menschen.*

DAS EVANGELIUM MITTEILEN

> –Markus 1,14+15– *Nachdem aber Johannes gefangen gesetzt war, kam Jesus nach Galiläa und predigte das Evangelium Gottes und sprach: Die Zeit ist erfüllt und das Reich Gottes ist herbeigekommen. Tut Buße und glaubt an das Evangelium!*

JÜNGER AUSBILDEN

> –Markus 1,16-18– *Als er aber am Galiläischen Meer entlangging, sah er Simon und Andreas, Simons Bruder, wie sie ihre Netze ins Meer warfen; denn sie waren Fischer. Und Jesus sprach zu ihnen: Folgt mir nach; ich will euch zu Menschenfischern machen! Sogleich verließen sie ihre Netze und folgten ihm nach.*

GRUPPEN/GEMEINDEN INITIIEREN

> –Markus 3,14+15– *Und er setzte zwölf ein, die er auch Apostel nannte, dass sie bei ihm sein sollten und dass er sie aussendete zu predigen und dass sie Vollmacht hätten, die bösen Geister auszutreiben.* (Siehe auch Markus 3,16-19, 31, 35)

LEITER AUSBILDEN

—Markus 6,7-10— *Und er rief die Zwölf zu sich und fing an, sie auszusenden je zwei und zwei, und gab ihnen Macht über die unreinen Geister und gebot ihnen, nichts mitzunehmen auf den Weg als allein einen Stab, kein Brot, keine Tasche, kein Geld im Gürtel, wohl aber Schuhe, und nicht zwei Hemden anzuziehen. Und er sprach zu ihnen: Wo ihr in ein Haus gehen werdet, da bleibt, bis ihr von dort weiterzieht. (Siehe auch Markus 6,11-13)*

PETRUS

STARK IM HERRN WACHSEN

—Apostelgeschichte 1,13+14— *Und als sie hineinkamen, stiegen sie hinauf in das Obergemach des Hauses, wo sie sich aufzuhalten pflegten: Petrus, Johannes, Jakobus und Andreas, Philippus und Thomas, Bartholomäus und Matthäus, Jakobus, der Sohn des Alphäus, und Simon der Zelot und Judas, der Sohn des Jakobus. Diese alle waren stets beieinander einmütig im Gebet samt den Frauen und Maria, der Mutter Jesu, und seinen Brüdern.*

DAS EVANGELIUM MITTEILEN

—Apostelgeschichte 2, 38+39— *Petrus sprach zu ihnen: Tut Buße und jeder von euch lasse sich taufen auf den Namen Jesu Christi zur Vergebung eurer Sünden, so werdet ihr empfangen die Gabe des Heiligen Geistes. Denn euch und euren Kindern gilt diese Verheißung und allen, die fern sind, so viele der Herr, unser Gott, herzurufen wird.*

JÜNGER AUSBILDEN

—Apostelgeschichte 2,42+43— Sie blieben aber beständig in der Lehre der Apostel und in der Gemeinschaft und im Brotbrechen und im Gebet. Es kam aber Furcht über alle Seelen und es geschahen auch viele Wunder und Zeichen durch die Apostel.

GRUPPEN/GEMEINDEN INITIIEREN

—Apostelgeschichte 2,44-47— Alle aber, die gläubig geworden waren, waren beieinander und hatten alle Dinge gemeinsam.

Sie verkauften Güter und Habe und teilten sie aus unter alle, je nachdem es einer nötig hatte. Und sie waren täglich einmütig beieinander im Tempel und brachen das Brot hier und dort in den Häusern, hielten die Mahlzeiten mit Freude und lauterem Herzen und lobten Gott und fanden Wohlwollen beim ganzen Volk. Der Herr aber fügte täglich zur Gemeinde hinzu, die gerettet wurden.

LEITER AUSBILDEN

—Apostelgeschichte 6,3+4— Darum, ihr lieben Brüder, seht euch um nach sieben Männern in eurer Mitte, die einen guten Ruf haben und voll Heiligen Geistes und Weisheit sind, die wir bestellen wollen zu diesem Dienst. Wir aber wollen ganz beim Gebet und beim Dienst des Wortes bleiben. (Siehe auch Apostelgeschichte 6, 5+6)

Paulus

STARK IM HERRN WACHSEN

—Galater 1, 15-17— *Als es aber Gott wohlgefiel, der mich von meiner Mutter Leib an ausgesondert und durch seine Gnade berufen hat, dass er seinen Sohn offenbarte in mir, damit ich ihn durchs Evangelium verkündigen sollte unter den Heiden, da besprach ich mich nicht erst mit Fleisch und Blut, ging auch nicht hinauf nach Jerusalem zu denen, die vor mir Apostel waren, sondern zog nach Arabien und kehrte wieder zurück nach Damaskus.*

DAS EVANGELIUM MITTEILEN

—Apostelgeschichte 14, 21— *und sie [Paulus und Barnabas] predigten dieser Stadt das Evangelium und machten viele zu Jüngern. Dann kehrten sie zurück nach Lystra und Ikonion und Antiochia,*

JÜNGER AUSBILDEN

—Apostelgeschichte 14,22— *stärkten die Seelen der Jünger und ermahnten sie, im Glauben zu bleiben, und sagten: Wir müssen durch viele Bedrängnisse in das Reich Gottes eingehen.*

GRUPPEN/GEMEINDEN INITIIEREN

—Apostelgeschichte 14,23— *Und sie setzten in jeder Gemeinde Älteste ein, beteten und fasteten und befahlen sie dem Herrn, an den sie gläubig geworden waren.*

LEITER AUSBILDEN

> *—Apostelgeschichte 16, 1-3— Er kam auch nach Derbe und Lystra; und siehe, dort war ein Jünger mit Namen Timotheus, der Sohn einer jüdischen Frau, die gläubig war, und eines griechischen Vaters. Der hatte einen guten Ruf bei den Brüdern in Lystra und Ikonion. Diesen wollte Paulus mit sich ziehen lassen und er nahm ihn und beschnitt ihn wegen der Juden, die in jener Gegend waren; denn sie wussten alle, dass sein Vater ein Grieche war.*

KIRCHENGESCHICHTE

Durch die gesamte Kirchengeschichte hindurch wird dieser fünfschrittige Prozess klar. Ob St. Benedikt, der Hlg. Franziskus von Assisi, Peter Waldo und die Waldenser, Jakob Spener und die Pietisten, John Wesley und die Methodisten, Jonathan Edwards und die Puritaner, Gilbert Tennant und die Baptisten, Dawson Trotman und die Navigatoren, Billy Graham und die moderne Evangelisation oder Bill Bright und Campus für Christus, dasselbe Muster zeigt sich immer und immer wieder.

Jesus sagte, *"Ich will meine Gemeinde bauen"* in Matthäus 16, 18. Dieses Muster ist die Methode und das FJT ermöglicht es den Gläubigen, Jesus mit ihrem ganzen Herzen, von ganzer Seele, Verstand und Kraft zu folgen.

Trainer ausbilden

Dieser Abschnitt zeigt auf, wie man Trainer auf eine nachvollziehbare Weise ausbildet. Zuerst möchten wir Ihnen die Ergebnisse mitteilen, die Sie realistischerweise erwarten können nachdem Sie andere mit *Ausbildung entschiedener Nachfolger* unterrichtet haben. Danach werden wir Ihnen den Trainingsprozess aufzeigen, welcher folgendes beinhaltet 1) Lobpreis, 2) Gebet, 3) Lernen und 4) Übung auf der Basis des wichtigsten Gebots. Schließlich werden wir einige der Schlüsselprinzipien verraten, die wir entdeckten, während wir Tausende von Trainern ausgebildet haben.

Ergebnisse

Nach dem Abschluss von *Ausbildung entschiedener Nachfolger,* werden die Lernenden zu folgendem in der Lage sein:

- Zehn grundlegende Jüngerschafts-Lektionen zu unterrichten auf der Basis von Christi Umgang mit anderen, indem sie einen nachvollziehbaren Trainingsprozess anwenden.
- Acht klare Bilder abzurufen, die einen Nachfolger von Jesus zeigen.
- Eine einfache Lobpreiseinheit in der Kleingruppe anzuleiten auf der Basis des wichtigsten Gebots.

- Ein mächtiges Zeugnis weiterzugeben und das Evangelium mit Zuversicht zu präsentieren.
- Eine konkrete Vision zur Erreichung der Verlorenen zu präsentieren und die Gläubigen anzuleiten, eine Karte von Apostelgeschichte 29 zu verwenden.
- Gruppen von Nachfolgern ins Leben zu rufen (aus denen manche zu Gemeinden werden) und andere auszubilden, dasselbe zu tun.

Prozess

Jede Einheit folgt demselben Format. Nachfolgend ist die Reihenfolge und geschätzte Zeit aufgelistet:

LOBPREIS

- 10 Minuten
- Bitten Sie jemanden, die Einheit zu beginnen und für Gottes Segen und Leitung für jeden in der Gruppe zu beten. Betrauen Sie jemanden in der Gruppe mit der Aufgabe, ein paar Lobpreislieder (abhängig vom Thema) anzuleiten; ein Instrument kann wahlweise dazu genommen werden.

GEBET

- 10 Minuten
- Teilen Sie die Teilnehmer paarweise auf mit jemandem, mit dem sie vorher noch nicht als Partner zusammengearbeitet hatten. Die Partner besprechen zusammen die Antworten auf zwei Fragen:

1. Wie können wir für verlorene Menschen beten, die wir kennen, damit sie errettet werden?
2. Wie können wir für die Gruppe beten, die wir ausbilden?

- Wenn ein Teilnehmer noch keine Gruppe gestartet hat, sollte der Partner mit demjenigen daran arbeiten, eine Liste möglicher Freunde und Familienmitglieder zu erstellen, die unterrichtet werden können. Beten Sie dann mit dem Teilnehmer für die Menschen auf der Liste.

LERNEN

Das Folge Jesus Trainings-System wendet den folgenden Prozess an: Lobpreis, Gebet, Lernen und Übung. Dieser Prozess basiert auf dem einfachen Lobpreismodell, welches am Anfang auf Seite 36 beschrieben ist. Für die zehn Lektionen im FJT Handbuch ist der „Lern"-Teil nachfolgend beschrieben.

- 30 Minuten
- Jede "Lern"-Einheit beginnt mit einer „Wiederholung". Es ist eine Wiederholung der acht Bilder von Christus und der bisher durchgenommenen Lektionen. Bis zum Ende des Kurses werden die Teilnehmer in der Lage sein, den gesamten Kurs auswendig zu wiederholen.
- Nach der "Wiederholung" unterrichtet der Trainer oder Auszubildende die Teilnehmer in der aktuellen Lektion und betont, dass die Teilnehmer gut zuhören sollten, da sie danach einander gegenseitig unterrichten sollen.
- Wenn die Trainer die Lektion präsentieren, sollten sie die folgende Abfolge verwenden:

1. Stellen Sie die Frage.
2. Lesen Sie die Bibelstelle.
3. Ermutigen Sie die Teilnehmer, die Frage zu beantworten.

Dieser Prozess setzt das Wort Gottes als Autorität über das Leben ein und nicht den Lehrer. Allzu oft stellen Lehrer eine Frage, beantworten sie selbst und untermauern ihre Antwort dann mit Bibelstellen. Diese Reihenfolge setzt den Lehrer als Autorität ein anstatt Gottes Wort.

- Wenn die Teilnehmer die Frage falsch beantworten, korrigieren Sie sie nicht, sondern bitten Sie die Teilnehmer, die Bibelstelle laut zu lesen und noch einmal zu antworten.
- Jede Lektion endet mit einem Merkvers. Die Trainer und die Teilnehmer stehen beisammen und wiederholen den Merkvers zehnmal; zuerst wird die Bibelstelle genannt und danach der Vers. Die Teilnehmer können bei den ersten sechs Wiederholungen des Verses ihre Bibeln oder Lernhilfen verwenden. Die letzten vier Male wiederholt die Gruppe jedoch den Vers auswendig. Die ganze Gruppe wiederholt den Vers zehnmal und setzt sich dann wieder hin.

ÜBUNG

- 30 Minuten
- Vorher haben sich die Teilnehmer für den "Gebets"-Teil aufgeteilt. Ihr Gebetspartner ist auch ihr Partner für die Übung.
- Jede Lektion beinhaltet eine Methode, den "Leiter" des Paares zu bestimmen. Der Leiter ist die Person, die als erstes unterrichtet. Der Trainer kündigt der Gruppe die Methode an, mit welcher der Leiter des Paares bestimmt wird.

- Die Leiter unterrichten ihre Partner, indem sie den Trainer nachahmen. Die Trainingszeit sollte die Wiederholung und die neue Lektion beinhalten und mit dem Merkvers aufhören. Die Teilnehmer stehen bei der Wiederholung des „Merkverses" und setzen sich wieder, wenn dies abgeschlossen ist, damit die Trainer sehen, welche Teilnehmer fertig sind.
- Wenn die erste Person eines Paares fertig ist, wiederholt die zweite Person den Prozess, so dass auch sie das Unterrichten üben können. Stellen Sie sicher, dass das Paar nichts überspringt oder den Prozess abkürzt.
- Gehen Sie im Raum herum während sie üben, um zu gewährleisten, dass sie Ihnen genau folgen. Wenn die Handbewegungen fehlen, ist es ein verräterisches Zeichen, dass sie Sie nicht nachahmen. Betonen Sie immer wieder, dass sie Ihren Stil kopieren sollten.
- Lassen Sie die Gruppe neue Partner finden und wieder abwechselnd üben.

ABSCHLUSS

- 20 Minuten
- Die meisten Lektionen enden mit einer praktischen Anwendung des Gelernten. Geben Sie den Teilnehmer jede Menge Zeit, an ihrer Karte von Apostelgeschichte 29 zu arbeiten und ermutigen Sie sie, herumzugehen und Ideen von anderen aufzugreifen, während sie daran arbeiten.
- Teilen Sie alle nötigen Ankündigungen mit und bitten Sie dann jemanden, um Segen für diese Lektion zu beten. Bitten Sie jemanden, zu beten, der vorher noch nicht gebetet hat – am Ende des Trainings sollte jeder zumindest einmal das Abschlussgebet gesprochen haben.

GRUNDSÄTZE

Während wir die letzten zehn Jahre Tausende von Menschen unterrichtet haben, entdeckten wir die folgenden Grundsätze. Unserer Erfahrung nach sind diese Grundsätze nicht kulturspezifisch; wir haben sie bei unserer Arbeit in Asien, Amerika und Afrika entdeckt (bisher haben wir noch keine Erfahrungen mit Europa!).

- *Die Fünfer-Regel* – Die Teilnehmer müssen eine Lektion fünfmal üben bevor sie das nötige Selbstvertrauen haben, eine andere Person zu unterweisen. Das Üben einer Lektion beinhaltet sowohl das Zuhören während jemand anders die Lektion übt oder selbst zu üben. Aus diesem Grund empfehlen wir, die Übungszeit zweimal zu wiederholen. Die Teilnehmer sollten einmal mit ihrem Gebetspartner üben und mit einem anderen Partner tauschen und die Lektion nochmal wiederholen.
- *Weniger ist besser als mehr* – Die meisten Teilnehmer sind weit über ihrem Gehorsamsgrad ausgebildet. Ein verbreiteter Fehler unter Trainern besteht darin, ihren Teilnehmern weit mehr Informationen zu geben als sie befolgen können. Eine lange Phase dieser Trainingsart bringt Teilnehmer voller Wissen mit wenig praktischer Anwendung hervor. Wir versuchen immer, den Teilnehmern einen "Rucksack" an Informationen mitzugeben, den sie mitnehmen und anwenden können, und keine „Kiste".
- *Unterschiedliche Teilnehmer lernen unterschiedlich* – Die Menschen haben drei unterschiedliche Arten, zu lernen: akustisch, visuell und kinästhetisch. Damit das Training absolut nachvollziehbar ist, müssen alle drei Arten des Lernens in jeder Lektion vorhanden sein. Oft stützt sich der Unterricht allerdings zumeist auf ein oder zwei Arten. Unser Ziel ist es, eine Veränderung in einer gesamten Gruppe von Menschen zu erleben. Unser Trainings-

System beinhaltet daher alle drei Arten des Lernens, um niemanden auszuschließen.

- *Der Prozess und der Inhalt sind wichtig* – Forscher haben viele Fortschritte bei der Erwachsenenbildung entdeckt, die es uns ermöglichen, Menschen in einer verändernden anstatt einer rein informativen Art und Weise zu unterrichten. Beispielsweise wissen wir, dass das oft angewandte Format des Lehrvortrags keine gute Methode für den Großteil der Schüler darstellt. Traurigerweise folgt der meiste Unterricht auf anderen Kontinenten noch diesem Muster. Im Folge Jesus Trainings-System konzentrieren wir uns auf Nachvollziehbarkeit – die Bewertung unserer Lektionen anhand der Fähigkeit der nächsten Teilnehmer-Generation, diese auch wieder anzuwenden.
- *Wiederholung, Wiederholung, Wiederholung* – Ein weiterer oft verwendeter Ansatz, etwas zu behalten, ist das „Auswendiglernen". In unserem Trainings-System geht es darum, eine Veränderung in den Herzen der Menschen zu sehen. Daher ist eines unserer Ziele bei jedem Schüler, dass er oder sie den gesamten Trainingskurs aus dem Gedächtnis wiederholt. Der "Wiederholungs"-Teil am Anfang jeder Lektion hilft den Teilnehmern, genau das zu tun. Bitte überspringen Sie die Wiederholung nicht. Unserer Erfahrung nach können sogar Reisbauern mit einfacher Bildung in Südostasien den gesamten Inhalt von *Ausbildung entschiedener Nachfolger* wiederholen, indem sie die Handbewegungen verwenden.
- *Die Lektion aufbauen* – Wenn wir andere unterrichten, "bauen wir die Lektion auf" zu einer Hilfe für das Erinnerungsvermögen und Selbstvertrauen der Teilnehmer. Beispielsweise stellen wir die erste Frage, lesen die Bibelstelle, geben die Antwort und zeigen die Handbewegung. Dann lesen wir die zweite Frage und folgen demselben Prozess. Bevor wir jedoch mit der dritten Frage weitermachen, wiederholen wir die Frage,

die Antwort und die Handbewegung für die Fragen eins und zwei. Dann machen wir mit Frage drei weiter. Wir folgen demselben Wiederholungsmuster die gesamte Lektion hindurch, indem wir die Lektion mit jeder neuen Frage "aufbauen". Dies hilft den Teilnehmern, die gesamte Lektion im Zusammenhang zu verstehen und besser zu behalten.

- *Ein Vorbild sein* – Die Menschen tun das, was sie vorgelebt sehen. Im Training geht es darum, dass wir das Lehrmaterial selbst vorleben und nicht nur Informationen an andere weitergeben. Aktuelle Geschichten darüber, wie Gott in unserem Leben wirkt, inspirieren die Menschen, die wir unterrichten. Das Training ist kein Job; es ist ein Lebensstil. Gemeindegründungs-Bewegungen steigen direkt proportional zu der Anzahl an Gläubigen in einer Volksgruppe, die diese Haltung übernommen haben.

Einfacher Lobpreis

Einfacher Lobpreis ist ein wichtiger Bestandteil des Folge Jesus Trainings – eine der Schlüsselfähigkeiten bei der Ausbildung von Nachfolgern. Auf der Basis des höchsten Gebotes bringt einfacher Lobpreis den Menschen bei, wie sie dem Gebot folgen, Gott von ganzem Herzen, ganzer Seele, ganzem Verstand und ganzer Kraft zu lieben.

Wir lieben Gott aus tiefstem Herzen, daher loben wir IHN. Wir lieben Gott mit ganzer Seele, daher beten wir IHN an. Wir lieben Gott mit ganzem Verstand, daher lesen wir die Bibel. Schließlich lieben wir Gott mit all unserer Kraft, daher wenden wir an, was wir gelernt haben, um es mit anderen zu teilen.

Gott hat Kleingruppen in ganz Südostasien gesegnet, die entdeckt haben, dass sie überall einfachen Lobpreis ausüben können – zu Hause, in Restaurants, im Park, in der Sonntagsschule und sogar in der Pagode!

ZEITPLAN

- Eine vierköpfige Gruppe braucht normalerweise etwa 20 Minuten für eine einfache Lobpreiszeit.
- In einem ähnlichen Rahmen halten wir einfachen Lobpreis zu Beginn des Tages und/oder nach dem Mittagessen ab.
- Wenn Sie zum ersten Mal einfachen Lobpreis durchführen, geben Sie ein Beispiel für die Gruppe ab; nehmen Sie sich Zeit, zu erklären, wie jeder einzelne Teil funktioniert.

- Wenn Sie vorgemacht haben, wie einfacher Lobpreis funktioniert, bitten Sie jede Person im Kurs, einen Partner zu suchen. Normalerweise wählen die Teilnehmer einen Freund aus. Wenn jeder einen Partner gefunden hat, bitten Sie jedes Paar, sich mit einem anderen Paar zusammenzutun – so dass vier Personen in jeder Gruppe sind.
- Bitten Sie die Gruppen, sich einen eigenen "Namen" zuzulegen, geben Sie Ihnen dafür ein paar Minuten Zeit; gehen Sie dann im Raum herum und fragen Sie jede Gruppe nach ihrem Namen. Versuchen Sie, die Gruppen während des restlichen Trainings mit diesem Namen anzusprechen.
- In einem einwöchigen Format bringen wir den Teilnehmern gerne zuerst einfachen Lobpreis bei. Wir wiederholen und üben dies während zwei weiterer Einheiten.

Prozess

- Teilen Sie vierköpfige Gruppen ein.
- Jede Person übernimmt einen anderen Teil des einfachen Lobpreises.
- Jedes Mal, wenn einfacher Lobpreis geübt wird, tauschen die Teilnehmer den Teil des einfachen Lobpreises, den sie anleiten, so dass sie am Ende des Trainings jeden Teil mindestens zweimal ausgeübt haben.

Lobpreis

- Eine Person leitet die Gruppe beim Singen von zwei Lobpreisliedern an (abhängig vom Thema).
- Instrumente sind nicht erforderlich.
- Bitten Sie die Teilnehmer während der Trainingseinheit ihre Stühle zu anzuordnen, als ob sie an einem Tisch im Café zusammensitzen würden.

- Jede Gruppe wird unterschiedliche Lieder singen, und das ist gut.
- Erklären Sie der Gruppe, dass dies eine Zeit ist, Gott als Gruppe aus ganzem Herzen zu loben und nicht um zu sehen, welche Gruppe am lautesten singen kann.

Gebet

- *Eine andere* Person (nicht der Lobpreisleiter) leitet die Gruppe in der Gebetszeit.
- Der Gebetsleiter fragt jedes Gruppenmitglied nach Gebetsanliegen und schreibt diese auf.
- Der Gebetsleiter verpflichtet sich, bis zum nächsten Treffen der Gruppe für diese Anliegen zu beten.
- Nachdem jeder seine Gebetsanliegen mitgeteilt hat, betet der Gebetsleiter für die Gruppe.

Lernen

- Eine *andere* Person in der Vierergruppe leitet die Lernzeit.
- Der Lernzeitleiter erzählt eine Bibelgeschichte mit eigenen Worten; wir empfehlen zumindest für den Anfang Geschichten aus den Evangelien.
- Abhängig von der Gruppe können Sie die Lernzeitleiter bitten, zuerst die Bibelgeschichte vorzulesen und dann in eigenen Worten zu erzählen.
- Nachdem der Lernzeitleiter die Bibelgeschichte erzählt hat, stellt er seiner Gruppe drei Fragen:

    1. Was lehrt uns diese Geschichte über Gott?
    2. Was lehrt uns diese Geschichte über Menschen?
    3. Was habe ich aus dieser Geschichte gelernt, das mir hilft, Jesus nachzufolgen?

- Die Gruppe diskutiert über jede Frage zusammen bis der Lernzeitleiter merkt, dass die Diskussion nachlässt; dann fährt der Leiter mit der nächsten Frage fort.

Übung

- Eine *andere* Person in der Vierergruppe leitet die Gruppenübungszeit.
- Der Übungsleiter hilft der Gruppe, die Lektion zu wiederholen und stellt sicher, dass jeder die Lektion versteht und an andere weitergeben kann.
- Der Übungsleiter erzählt dieselbe Bibelgeschichte, die der Lernzeitleiter erzählt hat.
- Der Übungsleiter stellt dieselben Fragen, die der Lernzeitleiter gestellt hat und die Gruppe diskutiert über jede Frage erneut.

Abschluss

- Die einfache Lobpreisgruppe beendet die Lobpreiszeit, indem ein weiteres Lobpreislied gesungen oder das Vaterunser gemeinsam gebetet wird.

SCHLÜSSELPRINZIPIEN ZUM EINPRÄGEN

- Vierergruppen funktionieren am besten beim einfachen Lobpreis. Wenn Sie eine Fünfergruppe einteilen müssen, dann nur eine. Zwei Dreiergruppen sind besser als eine Sechsergruppe.
- Ein Schlüssel zur Nachvollziehbarkeit im einfachen Lobpreis ist es, wenn jede Person beim Üben der vier Bestandteile einmal an die Reihe kommt: Lobpreis, Gebet,

Lernen oder Übung. Vierergruppen unterstützen Personen, neue Fähigkeiten zu erlernen und sind nicht so bedrohlich wie größere Gruppen.
- Ermutigen Sie die Gruppen, in der Sprache ihres Herzens zu lobpreisen. Wenn es in der Gruppe keine Sänger gibt (was vorkommen kann), helfen Sie der Gruppe, indem Sie vorschlagen, dass sie zusammen einen Psalm laut lesen.
- Stellen Sie sicher, dass die übende Person genügend Zeit hat, die Gruppe durch die Übungseinheit zu führen. Die Übernahme von Verantwortung während der Übungszeit bringt eine Vermehrung einfacher Lobpreisgruppen hervor. Ohne die Übungseinheit wird daraus nur eine weitere Bibelstudiengruppe. Ist es das, was Sie wirklich wollen?
- Wie Sie vielleicht festgestellt haben, ist das einfache Lobpreisformat derselbe Prozess, der in den zehn FJT-Einheiten angewandt wird: Lobpreis, Gebet, Lernen und Übung. Der Hauptunterschied liegt im Inhalt des "Lern"-Teils. Am Ende des FJT werden die Teilnehmer das einfache Lobpreisformat oftmals geübt haben. Wir beten dafür, dass sie eine Gruppe leiten und andere ausbilden, einfache Lobpreiszeiten miteinander zu halten.

Teil 2
TRAINING

1

Willkommen

Die *Willkommens*-Einheit eröffnet das Training oder Seminar indem Trainer und Teilnehmer sich vorstellen. Die Trainer präsentieren den Teilnehmern die acht Bilder von Jesus folgendermaßen: der Soldat, der Suchende, der Hirte, der Sämann, der Sohn, der Heilige, der Diener und der Verwalter —mit den zugehörigen Handbewegungen. Da die Menschen durch Hören, Sehen und Tun lernen, beinhaltet das Folge Jesus Training jeden dieser Lernstile in jeder Einheit.

Die Bibel besagt, dass der Heilige Geist unser Lehrer ist; die Teilnehmer werden ermutigt, sich während des gesamten Trainings auf den Heiligen Geist zu verlassen. Die Einheit wird mit einer „Teestube" abgeschlossen, um bei Trainern und Teilnehmern eine entspanntere Atmosphäre zu schaffen, die Art von Rahmen, den die Jünger mit Jesus genossen haben.

Lobpreis

- Bitten Sie jemanden, für Gottes Anwesenheit und Segen zu beten.
- Singen Sie gemeinsam zwei Lobpreislieder.

Einstieg

Vorstellung der Trainer

Am Anfang der Eröffnungsrunde sollten Trainer und Teilnehmer im Kreis sitzen. Falls Tische aufgestellt wurden, stellen Sie diese vorher zur Seite.

- Die Trainer machen vor, wie die Teilnehmer sich selbst vorstellen.
- Der Trainer und der Helfer (Anhang C beschreibt die Rolle des Helfers) stellen sich gegenseitig vor. Sie teilen den Namen der anderen Person mit, Informationen über die Familie, ethnische Herkunft (falls angebracht) und wie Gott ihn oder sie während des Monats gesegnet hat.

Vorstellung der Teilnehmer

- Teilen Sie die Teilnehmer paarweise auf.

    Sagen Sie ihnen: „Ihr werdet Euch nun gegenseitig vorstellen, so wie mein Helfer und ich es getan haben."

- Sie sollten den Namen des Partners herausfinden, Informationen über die Familie, ethnische Herkunft und wie Gott ihn oder sie im zurückliegenden Monat gesegnet

hat. Es kann hilfreich sein, wenn sie diese Informationen in ihr Lernheft schreiben, um sie nicht zu vergessen.
- Bitten Sie die Lernpaare nach etwa fünf Minuten, sich mindestens fünf anderen Partnern so vorzustellen, wie Sie Ihren Partner vorgestellt haben.

Vorstellung von Jesus

„Wir haben uns euch vorgestellt, und ihr habt euch einander vorgestellt. Nun möchten wir euch Jesus vorstellen. In der Bibel gibt es viele Bilder von Jesus, aber wir werden uns auf die acht hauptsächlichen konzentrieren."

DIE ACHT BILDER VON JESUS IN DER BIBEL

- Ziehen Sie einen Kreis an der Tafel und listen Sie die Bilder von Christus auf. Lassen Sie die Schüler diese der Reihe nach mehrmals wiederholen – bis sie diese einfach aus dem Gedächtnis aufsagen können.

„Jesus ist ein Soldat, Suchender, Hirte, Sämann, Sohn, Heiliger, Diener und Verwalter."

    ✋ Soldat

        Schwert ziehen.

    ✋ Suchender

        Suchend umherschauen mit einer Hand an der Stirn oberhalb der Augen.

    ✋ Hirte

        Arme zum Körper hin bewegen, als ob man Menschen zusammenbringt.

    ✋ Sämann

        Samen mit den Händen ausstreuen.

    ✋ Sohn

        Hände zum Mund bewegen, als ob man essen würde.

    ✋ Heiliger

        Die Hände in die klassische „Gebetshaltung" bringen.

"Jesus ist *der* Heilige; wir sind zu Heiligkeit berufen."

🖐 Diener
　　　Einen Hammer führen.

🖐 Verwalter
　　　Geld aus der Hemd- oder Hosentasche holen.

„Ein Bild sagt mehr als tausend Worte, und diese biblischen Bilder werden euch eine tiefere Erkenntnis über den Weg "mit" Jesus geben. Ein Bild gibt uns eine klare Vision und die Fähigkeit, zu erkennen, wann und wie Jesus arbeitet."

„Ein Vater las die Zeitung und sein kleiner Sohn unterbrach ihn immer wieder und wollte spielen. Nach einigen Unterbrechungen machte der Vater aus einer Seite der Zeitung ein Puzzle, indem er diese in Einzelstücke zerschnitt. Er sagte seinem Sohn, er solle die Teile nehmen, sie in der richtigen Reihenfolge zusammenkleben, und dann würde er mit ihm spielen.

Der Vater glaubte, sein Sohn würde lange dafür brauchen, was dem Vater genügend Zeit verschaffen würde, den Rest seiner Zeitung zu lesen. Stattdessen kehrte der Sohn nach zehn Minuten mit dem fertigen "Puzzle" zurück. Als er gefragt wurde, wie er das so schnell geschafft hatte, antwortete er: "Es war einfach. Auf der Rückseite war ein Bild, und wenn ich das Bild zusammensetze, fügen sich auch die Buchstaben auf der anderen Seite zusammen."

Diese acht Bilder von Jesus werden euch eine klare Vision geben auf eurem Weg mit Jesus.

Jemandem nachzufolgen bedeutet, die Art und Weise nachzuahmen, wie diese Person sich verhält. Ein Lehrling ahmt seinen Meister nach, um einen Beruf zu erlernen. Schüler werden wie ihre Lehrer. Jeder von uns ahmt jemanden nach. Wen wir nachahmen bestimmt wer wir werden. Während unserer Unterrichtszeit werden wir Fragen stellen, sucht nach der Antwort in der Bibel, entdeckt wie Jesus sich verhielt und übt, ihm nachzufolgen."

Welches sind die drei besten Lernmethoden?

„Menschen lernen auf drei verschiedene Arten. Jeder verwendet alle drei, aber jeder von uns tendiert dazu, auf eine bestimmte Art am besten zu lernen. In diesem Training werden wir in jeder Lerneinheit alle drei Lernstile verwenden, so dass jeder von euch das Lehrmaterial mit seinem spezifischen Lernstil bewältigen kann.

Einige Menschen lernen am besten durch Zuhören. Aus diesem Grund werden wir die Bibelstellen immer laut lesen und die Fragen laut stellen."

 Zuhören
    Mit der Hand eine Muschel um das Ohr formen

„Einige Menschen lernen am besten durch Zuschauen. Aus diesem Grund werden wir Bilder und Schauspiel verwenden, um wichtige Wahrheiten zu illustrieren."

 Zuschauen
    Auf die Augen zeigen

„Einige Menschen lernen am besten durch Taten. Aus diesem Grund werden wir praktische Übungen durchführen, die euch helfen werden, das zu tun, worüber wir sprechen und es zu üben."

 Taten
                Eine knetende Bewegung mit den Händen machen

„Zuhören, Zuschauen und Taten sind die drei hauptsächlichen Lehrer, die wir haben. Die Bibel teilt uns mit, dass der Heilige Geist unser Lehrer ist. Während des gesamten Seminars werde ich euch anspornen, euch beim Lernen der Lektionen auf den Heiligen Geist zu verlassen, weil er der beste Lehrer ist."

ABSCHLUSS

Die Teestube ist geöffnet! ଔ

„An welchem Ort fühlen Sie sich wohler: in einem Klassenzimmer oder einer Teestube (oder Café) mit Freunden?"

„Wir lernen viele gute Dinge im Klassenzimmer, und wir sollten unsere Lehrer respektieren. Jedoch lernen wir am meisten über unsere Freunde, Familie und unser Dorf in der Teestube. Das war auch schon der Fall, als Jesus auf der Erde war."

—Lukas 7, 31-35— Mit wem soll ich die Menschen dieses Geschlechts vergleichen, und wem sind sie gleich? Sie sind den Kindern gleich, die auf dem Markt sitzen und rufen einander

zu: Wir haben euch aufgespielt und ihr habt nicht getanzt; wir haben Klagelieder gesungen und ihr habt nicht geweint. Denn Johannes der Täufer ist gekommen und aß kein Brot und trank keinen Wein; so sagt ihr: Er ist besessen. Der Menschensohn ist gekommen, isst und trinkt; so sagt ihr: Siehe, dieser Mensch ist ein Fresser und Weinsäufer, ein Freund der Zöllner und Sünder! Und doch ist die Weisheit gerechtfertigt worden von allen ihren Kindern.

„In der Teestube sind wir entspannter. Wenn Jesus heute wieder auf der Erde wäre, würde er seine Zeit in Teestuben und Cafés verbringen. Er folgte diesem Muster, als er zum ersten Mal hier war. Aus diesem Grund wandeln wir diesen Raum von einem Trainingszentrum in eine Teestube um."

- Wählen Sie hier vier Leiter aus, die Tee, Kaffee und leichte Erfrischungsgetränke servieren.

Der Zweck der "Eröffnung der Teestube!" besteht darin, eine entspannte und ungezwungenere Trainings-Atmosphäre zu schaffen. Mit anderen Worten, eine Gruppenatmosphäre, die der Art wie Jesus seine Jünger unterrichtete ähnlicher ist.

2

Vervielfachung

Der *Vervielfachungs*-Teil stellt Jesus als einen Verwalter vor: Verwalter möchten eine gute Rendite für ihre Zeit und ihr Vermögen, und sie möchten rechtschaffen leben. Die Teilnehmer bekommen eine Vision der Fruchtbarkeit durch das Studium von 1) Gottes erstem Gebot an die Menschen, 2) Jesu letztem Gebot an die Menschen, 3) dem 222-Prinzip und 4) den Unterschieden zwischen dem See Genezareth und dem Toten Meer.

Die Einheit schließt mit einer praktischen Lernübung ab, welche den Unterschied zwischen "Ertrag" oder Frucht zeigt, zwischen einem Training anderer und dem bloßen Unterrichten anderer. Die Teilnehmer werden herausgefordert, andere zu trainieren in Lobpreis, Gebet, Studium von Gottes Wort und Dienst an anderen. Mit dieser Investition an Zeit, Vermögen und Integrität werden die Teilnehmer in der Lage sein, Jesus ein wunderbares Geschenk zu machen, wenn sie IHM im Himmel begegnen.

LOBPREIS

- Bitten Sie jemanden für Gottes Anwesenheit und Segen zu beten.
- Singen Sie zwei Lobpreislieder zusammen.

GEBET

- Teilen Sie die Teilnehmer paarweise auf mit jemandem, den sie vorher noch nicht als Partner hatten.
- Jeder Teilnehmer spricht mit seinem Partner / seiner Partnerin über die Antwort auf die folgende Frage: Wie kann ich heute für dich beten?
- Die Partner beten zusammen.

LERNEN

Wiederholung

Jede Wiederholungseinheit läuft gleich ab. Bitten Sie die Teilnehmer, aufzustehen und die vorhergehende Lektionen zu wiederholen. Stellen Sie sicher, dass sie auch die Handbewegungen verwenden.

Wie sehen die acht Bilder aus, die uns helfen, Jesus nachzufolgen?
Soldat, Suchender, Hirte, Sämann, Sohn, Heiliger, Diener, Verwalter

Unser geistliches Leben ist wie ein Ballon ଔ

- Nehmen Sie einen Ballon, zeigen Sie ihn der Gruppe und erklären sie:

„Unser geistliches Leben ist wie ein Ballon."

- Während Sie den Ballon aufblasen, erklären Sie, dass wir Segnungen von Gott erhalten. Lassen Sie Luft aus dem Ballon austreten und sagen Sie:

„Gott gibt uns, deshalb geben wir anderen. Wir wurden gesegnet, um ein Segen zu sein."

- Wiederholen Sie diesen Prozess mehrere Male, um die Natur von "Geben und Nehmen" des geistlichen Lebens zu demonstrieren.

„Die meisten von uns geben jedoch nicht, was die empfangen, sondern behalten es für sich selbst. Vielleicht denken wir, wenn wir es hergeben, wird Gott uns nicht mehr füllen. Vielleicht denken wir, es ist zu schwer, es herzugeben."

- Blasen Sie den Ballon weiter auf, aber lassen Sie immer wieder zwischendurch etwas Luft entweichen, weil Sie sich "schuldig fühlen". Gott hat euch so viel gegeben, und ihr gebt nicht viel an andere weiter. Blasen Sie dann den Ballon auf bis er platzt.

„Unser geistliches Leben ist wie diese Illustration. Wenn uns jemand eine Lektion beibringt, sollten wir das, was wir gelernt haben, auch jemand anderem beibringen. Wenn wir eine Segnung empfangen, sollten wir andere segnen. Wenn wir das nicht tun, verursacht das große Probleme in unserem geistlichen Leben! Nicht weiterzugeben, was wir empfangen haben, ist der sichere Weg zu geistlicher Niederlage."

Wie ist Jesus?

—Matthäus 6, 20-21— Sammelt euch aber Schätze im Himmel, wo sie weder Motten noch Rost fressen und wo die Diebe nicht einbrechen und stehlen. Denn wo dein Schatz ist, da ist auch dein Herz.

„Jesus ist ein Verwalter. Er sprach mehr über Geld, Besitztümer und unsere Prioritäten als über jedes andere Thema. Als ein Verwalter hat Jesus viel in uns investiert und hält Ausschau nach einer guten Rendite."

Verwalter
 So tun, als würde man Geld aus der Hemd- oder Hosentausche holen.

Welche drei Dinge tut ein Verwalter?

—Matthäus 25, 14-28— Denn es ist wie mit einem Menschen, der außer Landes ging: Er rief seine Knechte und vertraute ihnen sein Vermögen an; dem einen gab er fünf Zentner Silber, dem andern zwei, dem dritten einen, jedem nach seiner Tüchtigkeit, und zog fort. Sogleich ging der hin, der fünf Zentner empfangen hatte, und handelte mit ihnen und gewann weitere fünf dazu. Ebenso gewann der, der zwei Zentner empfangen hatte, zwei weitere dazu. Der aber einen empfangen hatte, ging hin, grub ein Loch in die Erde und verbarg das Geld seines Herrn. Nach langer Zeit kam der Herr dieser Knechte und forderte Rechenschaft von ihnen. Da trat herzu, der fünf Zentner empfangen hatte, und legte weitere fünf Zentner dazu und sprach: Herr, du hast mir fünf Zentner anvertraut; siehe da, ich habe damit weitere fünf Zentner gewonnen. Da sprach

sein Herr zu ihm: Recht so, du tüchtiger und treuer Knecht, du bist über wenigem treu gewesen, ich will dich über viel setzen; geh hinein zu deines Herrn Freude! Da trat auch herzu, der zwei Zentner empfangen hatte, und sprach: Herr, du hast mir zwei Zentner anvertraut; siehe da, ich habe damit zwei weitere gewonnen. Sein Herr sprach zu ihm: Recht so, du tüchtiger und treuer Knecht, du bist über wenigem treu gewesen, ich will dich über viel setzen; geh hinein zu deines Herrn Freude! Da trat auch herzu, der einen Zentner empfangen hatte, und sprach: Herr, ich wusste, dass du ein harter Mann bist: Du erntest, wo du nicht gesät hast, und sammelst ein, wo du nicht ausgestreut hast; und ich fürchtete mich, ging hin und verbarg deinen Zentner in der Erde. Siehe, da hast du das Deine. Sein Herr aber antwortete und sprach zu ihm: Du böser und fauler Knecht! Wusstest du, dass ich ernte, wo ich nicht gesät habe, und einsammle, wo ich nicht ausgestreut habe? Dann hättest du mein Geld zu den Wechslern bringen sollen, und wenn ich gekommen wäre, hätte ich das Meine wiederbekommen mit Zinsen. Darum nehmt ihm den Zentner ab und gebt ihn dem, der zehn Zentner hat.

1. Verwalter investieren ihr Vermögen mit Verstand.

   „Jesus erzählt eine Geschichte von drei Dienern, denen die Verantwortung übertragen wurde, das Vermögen ihres Herrn zu investieren. Zwei von Ihnen investierten das Vermögen des Herrn mit Verstand."

2. Verwalter investieren ihre Zeit mit Verstand.

   „Jesus möchte, dass wir SEIN Königreich ganz oben auf unseren Zeitplan setzen."

3. Verwalter leben rechtschaffen.

„Wenn Jesus unsere Rechtschaffenheit und Ehrlichkeit in kleinen Dingen sieht, wird ER uns auch große anvertrauen."

„Jesus ist ein Verwalter, und ER lebt in uns. Wenn wir IHM nachfolgen, werden wir auch zu Verwaltern. Wir werden unser Vermögen und unsere Zeit mit Verstand investieren und rechtschaffen leben."

Welches Gebot gab Gott den Menschen als erstes?

–1. Mose 1, 28– Und Gott segnete sie und sprach zu ihnen: Seid fruchtbar und mehret euch und füllet die Erde und machet sie euch untertan und herrschet über die Fische im Meer und über die Vögel unter dem Himmel und über das Vieh und über alles Getier, das auf Erden kriecht.

„Gott sagte den Menschen, dass sie sich vermehren und leibliche Kinder haben sollten."

Welches Gebot gab Jesus den Menschen als letztes?

–Markus 16, 15– Und er sprach zu ihnen: Gehet hin in alle Welt und predigt das Evangelium aller Kreatur.

„Jesus sagte seinen Jüngern, dass sich vermehren und geistliche Kinder haben sollten."

Wie kann ich Frucht bringen und Vermehrung erzeugen?

-2. Timotheus 2, 2– Und was du von mir gehört hast vor vielen Zeugen, das befiehl treuen Menschen an, die tüchtig sind, auch andere zu lehren.

„Wenn wir andere unterrichten, wie auch wir unterrichtet wurden, vervielfacht Gott unser Leben. Wir nennen dies das "222-Prinzip". Jesus offenbarte sich selbst Petrus. Petrus unterrichtete Timotheus. Timotheus unterrichtete gläubige Menschen, die wiederum andere unterrichteten. Und so ging es weiter durch die Geschichte der Menschheit... bis eines Tages Ihnen jemand von Jesus erzählt hat!"

See Genezareth/Totes Meer ⋐

- Zeichnen Sie das Bild auf dieser Seite Schritt für Schritt während Sie jeden Bestandteil der Illustration erläutern. Das Bild ist die komplette Zeichnung.

  „Es gibt einen See und ein Meer in Israel. Wisst Ihr deren Namen?"

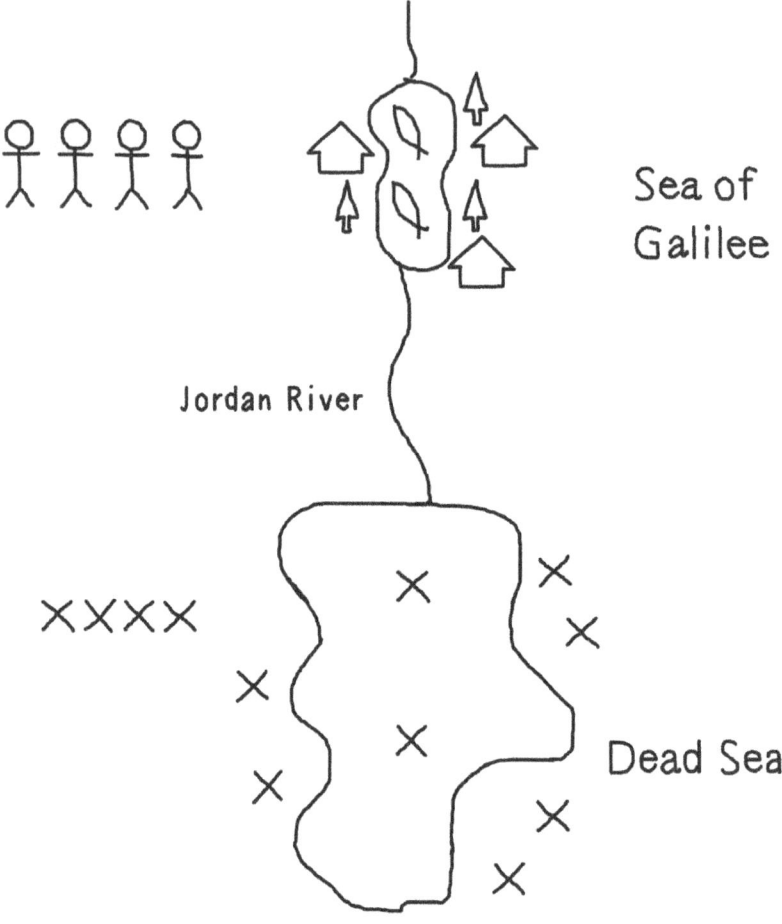

(DER SEE GENEZARETH UND DAS TOTE MEER)

- Zeichnen Sie zwei Kreise, den kleineren oben. Verbinden Sie diese mit einer Linie. Ziehen Sie eine Linie nach oben von dem kleineren Kreis aus. Beschriften Sie die beiden Gewässer.

"Ein Fluss verbindet den See Genezareth und das Tote Meer. Kennt ihr seinen Namen?"

(DER JORDAN)

- Beschriften Sie den Fluss.

    „Der See Genezareth und das Tote Meer sind sehr unterschiedlich. Im See Genezareth gibt es viele Fische."

- Zeichnen Sie Fische im See Genezareth.

    „Im Toten Meer gibt es keine Fische."

- Zeichnen Sie Xe in das Tote Meer.

    „Am See Genezareth wachsen viele Bäume."

- Zeichnen Sie Bäume um den See Genezareth.

    „Am Toten Meer gibt es keine Bäume."

- Zeichnen Sie Xe um das Tote Meer.

    „Am See Genezareth gibt es viele Dörfer."

- Zeichnen Sie Häuser um den See Genezareth.

    „Am Toten Meer gibt es keine Dörfer."

- Zeichnen Sie Xe um das Tote Meer.

    „Vier bekannte Menschen lebten am See Genezareth. Kennt ihr deren Namen?"

(Petrus, Andreas, Jakobus und Johannes)

- Zeichnen Sie vier Strichmännchen neben dem See Genezareth.

„Am Toten Meer lebten keine bekannten Menschen."

- Zeichnen Sie vier Xe neben das Tote Meer.

„Warum glaubt ihr, ist das Tote Meer "tot" und der See Genezareth "lebendig"?"

Weil in den See Genezareth Wasser hinein- und auch wieder herausfließt, wohingegen in das Tote Meer nur Wasser hineinfließt.

„Dies ist ein Bild unseres geistlichen Lebens. Wenn wir Segen empfangen, sollten wir auch Segen geben. Wenn wir Lehre empfangen, sollten wir auch andere unterrichten. Dann sind wir wie der See Genezareth. Wenn wir alles für uns behalten, sind wir wie das Tote Meer."

„Was ist *einfacher* – der See Genezareth oder das Tote Meer zu sein? Die meisten Menschen sind wie das Tote Meer, weil sie lieber empfangen als zu geben. Die Nachfolger von Jesus jedoch sind wie der See Genezareth. Jesus gab anderen, was er von seinem Vater empfangen hatte. Wenn wir andere ausbilden, folgen wir dem Beispiel von Jesus."

„Welchem Gewässer möchtet ihr ähneln? Ich möchte wie der See Genezareth sein."

Merkvers

> *–Johannes 15, 8– Darin wird mein Vater verherrlicht, dass ihr viel Frucht bringt und werdet meine Jünger.*

- Alle stehen auf und sagen den Merkvers zehnmal zusammen. Die ersten sechs Male verwenden die Teilnehmer ihre Bibeln oder Aufzeichnungen. Die letzten vier Male sagen sie den Vers auswendig auf. Die Teilnehmer sollten jedes Mal die Bibelstelle nennen bevor sie den Vers aufsagen und sich wieder hinsetzen, wenn sie fertig sind.
- Diesem Ablauf zu folgen, wird den Trainern helfen, zu erkennen, welche Teams mit der Lektion im "Übungs"-Teil fertig sind.

ÜBUNG

- Bitten Sie die Teilnehmer, sich für diese Lektion ihrem Partner gegenüber zu setzen. Die Partner wechseln sich ab, wenn sie sich gegenseitig in dieser Lektion unterweisen.

„Die jüngere Person des Paares wird der Leiter sein."

- Das bedeutet einfach, dass sie als erstes unterrichten wird.
- Befolgen Sie den Trainingsprozess für Trainer von Seite 21.
- Betonen Sie, dass Sie möchten, dass alles im *Lern*-Teil genau so unterrichtet wird, wie Sie es getan haben.

„Stellt Fragen, lest die Bibel zusammen und beantwortet die Fragen auf dieselbe Weise wie ich es mit euch gemacht habe."

„Zeichnet das Bild vom See Genezareth und vom Tote Meer und rezitiert den Merkvers so wie ich es mit euch gemacht habe.

Jeder von euch sollte jedes Mal ein weißes Blatt Papier verwenden, wenn ihr das Bild vom See Genezareth und vom Toten Meer zeichnet."

- Nach dem gegenseitigen Unterrichten der Lektion bitten Sie die Teilnehmer, Partner zu tauschen und lassen Sie diese wieder abwechselnd die Lektion unterrichten. Wenn alle fertig sind, lassen Sie die Teilnehmer überlegen, wem sie die Lektion nach dem Training weitergeben können. Lassen Sie die Teilnehmer den Namen der Person oben auf die erste Seite der Lektion schreiben.

Abschluss

Ein Geschenk für Jesus ⚜

- Bitten Sie jemanden freiwillig bei einem kleinen Theaterspiel zu helfen.
- Positionieren Sie den Freiwilligen auf der einen Seite des Raumes und sich selbst auf die andere.

„Ich möchte, dass jeder sich vorstellt, dass wir (der Freiwillige und ich) dieselbe geistliche Reife haben. Wir beide:"

✋ **Lobpreis**
Die Hände im Lobpreis zu Gott erheben.

✋ Gebet
   Die Hände in klassischer Gebetshaltung falten.

✋ Die Bibel lesen
   Die Handflächen nach oben halten, als ob man ein Buch liest.

✋ Anderen von Jesus erzählen
   Die Hand vorstrecken als ob man Samen aussät.

- Betonen Sie, dass Sie geistlich gleich sind, bis auf einen Unterschied.

"Der einzige Unterschied liegt darin, dass er (oder sie) die Menschen, die er oder sie für Christus gewinnt, ausbildet, andere auszubilden. Ich bilde nur die Menschen aus, die ich zu Christus führe. Ich bilde sie nicht aus, um andere auszubilden.

„Jetzt möchte ich euch den Unterschied zeigen, den Training ausmacht."

- Erklären Sie, dass sowohl Sie als auch der Freiwillige jedes Jahr eine Person für Christus gewinnen.
- Sowohl Sie als auch der Freiwillige gehen zum Publikum, holen eine Person, bringen diese mit zu Ihrer Station und lassen diese bei sich stehen.

„Nach einem Jahr könnt ihr sehen, dass es keinen Unterschied ausmacht. Ich habe eine Person hier, und er hat eine Person da drüben."

- Jedoch unterrichtet nur der Freiwillige die Person, die er zu Christus führt. Führen Sie dieselben Handbewegungen aus; dieses Mal üben beide die Handbewegungen zusammen. Sie führen die Handbewegungen nur für sich allein aus.

  „Lasst uns anschauen, was im zweiten Jahr passiert. Sowohl er als auch ich gewinnen jemanden für Christus. Der einzige Unterschied ist, dass er seine Leute ausbildet, dasselbe zu tun. Dieses Jahr bekomme ich also wieder eine Person dazu, aber beide in der anderen Gruppe bekommen noch jemanden dazu."

- Sowohl Sie als auch der Freiwillige gehen zum Publikum, um die nächsten Jünger auszuwählen. Dann holt sich auch der Jünger des Trainers einen Nachfolger.

  „Nach zwei Jahren könnt ihr sehen, dass noch recht wenig Unterschied besteht: Ich habe zwei Leute, er hat drei."

- Wiederum üben der Freiwillige und die drei Personen bei ihm/ihr die Handbewegungen, aber Sie sind in Ihrer Gruppe der einzige, der die Handbewegungen ausführt.
- Widerholen Sie diesen Prozess mehrere "Jahre" bis alle Teilnehmer im Kurs ausgewählt wurden. Jedes Mal, führen Sie die Handbewegungen alleine aus und sagen den Bekehrten, sie *sollten* lobpreisen, beten, im Wort Gottes lesen und die gute Nachricht weitersagen, aber Sie bilden sie nicht aus, das zu tun.
- Irgendwann haben Sie nicht mehr genug Leute. In diesem Fall sagen Sie den Teilnehmern, wenn Sie keine weitere Person dazu nehmen können, sollen sie zwei Hände hochheben, um anzuzeigen, dass sie eigentlich für zwei Leute stehen.
- Spätestens beim fünften Jahr werden die Teilnehmer beeindruckt sein von der Anzahl der ausgebildeten

Teilnehmer des Freiwilligen im Vergleich zu der Anzahl, die von Ihnen unterrichtet wurden. Betonen Sie immer wieder, dass Sie Ihre Nachfolger wirklich lieben und möchten, dass sie stark sind, daher bringen Sie ihnen viele Dinge bei, aber niemals, wie man andere unterrichtet.

„Wenn ihr in den Himmel kommt, welches Geschenk möchtet ihr Jesus dafür geben, dass er am Kreuz für euch gestorben ist? —Nur ein paar Leute, wie ich hier, oder eine riesige Anzahl an Nachfolgern wie er (oder sie)?"

- Zeigen Sie auf den Freiwilligen auf der anderen Seite des Raumes.

„Gott hat uns geboten, fruchtbar zu sein und uns zu vermehren. Ich möchte wie Jesus sein und andere ausbilden, die wiederum andere ausbilden. Ich möchte Jesus ein großes Geschenk von vielen Menschen geben, die ich ausgebildet habe und die wiederum andere ausgebildet haben. Ich möchte ein Verwalter meines Vermögens und meiner Zeit sein, und ich möchte rechtschaffen leben."

- Bitten Sie Ihre Gruppe, zur anderen Gruppe zu gehen und sich gegenseitig zu unterrichten, so dass jeder ein Gewinner sein kann.
- Bitten Sie den Freiwilligen des Theaterspiels "Ein Geschenk für Jesus", die Lektion mit Gebet abzuschließen.

3

Liebe

Der *Liebe*-Teil bringt uns Jesus als den Hirten näher: Hirten leiten, schützen und füttern ihre Schafe. Wir „füttern" Menschen, wenn wir ihnen von Gottes Wort erzählen, aber was sollten wir ihnen als erstes über Gott beibringen? Die Teilnehmer entdecken das wichtigste Gebot, erkennen die Quelle der Liebe und finden heraus, wie man Lobpreis bringt auf der Basis des wichtigsten Gebots.

Die Teilnehmer üben die Leitung einer einfachen Jüngerschafts-Gruppe mit vier Schlüsselelementen: Lobpreis (Gott von ganzem Herzen zu lieben), Gebet (Gott mit ganzer Seele zu lieben), Bibelstudium (Gott mit ganzem Verstand zu lieben) und Fähigkeiten zu üben (Gott mit alle unserer Stärke zu lieben). Ein letztes Theaterspiel "Schafe und Tiger" zeigt den Bedarf an vielen Jüngerschafts-Gruppen unter den Gläubigen.

Lobpreis

- Bitten Sie jemanden, für Gottes Anwesenheit und Segen zu beten.
- Singen Sie zwei Lobpreislieder zusammen.

Gebet

- Teilen Sie die Teilnehmer paarweise auf mit einer Person, die sie vorher noch nicht als Partner hatten.
- Jeder Teilnehmer bespricht mit seinem Partner die Antwort auf die folgenden Fragen:

    1. Wie können wir für verlorene Menschen beten, die wir kennen, damit sie errettet werden?
    2. Wie können wir für die Gruppe beten, die wir ausbilden?

- Wenn ein Partner noch niemanden ausbildet, beten Sie für die potenziellen Teilnehmer in deren Einflussbereich, mit denen sie ein Training beginnen können.
- Die Partner beten gemeinsam.

Lernen

Wiederholung

Jede Wiederholungseinheit läuft gleich ab. Bitten Sie die Teilnehmer, aufzustehen und die bisher gelernten Lektionen zu wiederholen. Stellen Sie sicher, dass sie auch die Handbewegungen ausführen.

Welches sind die acht Bilder, die uns helfen, Jesus nachzufolgen?
Soldat, Suchender, Hirte, Sämann, Sohn, Heiliger, Diener und Verwalter

Vermehrung
Welche drei Dinge tut ein Verwalter?
Welches war Gottes erstes Gebot an die Menschen?
Welches war das letzte Gebot von Jesus an die Menschen?
Wie kann ich Frucht bringen und mich Vermehrung erzeugen?
Wie heißen die zwei Gewässer in Israel?
Warum sind sie so verschieden?
Wie welcher von den beiden möchtest du sein?

Wie ist Jesus?

—Markus 6, 34— Und Jesus stieg aus und sah die große Menge; und sie jammerten ihn, denn sie waren wie Schafe, die keinen Hirten haben. Und er fing eine lange Predigt an.

„Jesus ist der gute Hirte. Er liebte die große Menge, sah ihre Probleme und begann, ihnen Gottes Wege beizubringen. Er lebt in uns und tut dasselbe durch unser Leben."

 Hirte
    Die Hände auf den Körper zu bewegen, als ob man Menschen ansammeln möchte.

Welche drei Dinge tut ein Hirte?

—Psalm 23, 1-6— Der HERR ist mein Hirte, mir wird nichts mangeln. Er weidet mich auf einer grünen Aue und führt mich zum frischen Wasser. Er erquicket meine Seele. Er führt mich auf rechter Straße um seines Namens willen. Und ob ich schon wanderte im finstern Tal, fürchte ich kein Unglück;

denn du bist bei mir, dein Stecken und Stab trösten mich. Du bereitest vor mir einen Tisch im Angesicht meiner Feinde. Du salbest mein Haupt mit Öl und schenkest mir voll ein. Gutes und Barmherzigkeit werden mir folgen mein Leben lang, und ich werde bleiben im Hause des HERRN immerdar.

1. Hirten leiten ihre Schafe auf dem rechten Weg.
2. Hirten beschützen ihre Schafe.
3. Hirten füttern ihre Schafe.

„Jesus ist ein Hirte, und wenn wir ihm nachfolgen, werden wir auch Hirten sein. Wir führen Menschen zu Jesus, beschützen sie vor dem Bösen und füttern sie mit Gottes Wort."

Welches ist das wichtigste Gebot, das wir anderen beibringen können?

—Markus 12, 28-31— Und es trat zu ihm einer von den Schriftgelehrten, der ihnen zugehört hatte, wie sie miteinander stritten. Und als er sah, dass er ihnen gut geantwortet hatte, fragte er ihn: Welches ist das höchste Gebot von allen? Jesus aber antwortete ihm: Das höchste Gebot ist das:»Höre, Israel, der Herr, unser Gott, ist der Herr allein, und du sollst den Herrn, deinen Gott, lieben von ganzem Herzen, von ganzer Seele, von ganzem Gemüt und von allen deinen Kräften«. Das andre ist dies:»Du sollst deinen Nächsten lieben wie dich selbst« (3.Mose 19,18). Es ist kein anderes Gebot größer als diese.

GOTT LIEBEN

 Die Hände zu Gott erheben.

DIE MENSCHEN LIEBEN

✋ Die Hände den anderen entgegenstrecken.

Woher kommt die Liebe?

–1. Johannes 4, 7+8– Ihr Lieben, lasst uns einander lieb haben; denn die Liebe ist von Gott, und wer liebt, der ist von Gott geboren und kennt Gott. Wer nicht liebt, der kennt Gott nicht; denn Gott ist die Liebe.

DIE LIEBE KOMMT VON GOTT

"Deshalb … empfangen wir Liebe von Gott und wir geben ihm Liebe zurück."

✋ Die Hände nach oben strecken, als ob man Liebe empfängt und dann die Liebe an Gott zurückgibt.

„Wir empfangen Liebe von Gott und wir geben sie an andere weiter."

✋ Hände nach oben strecken, als ob man Liebe empfängt und dann ausstrecken, als ob man sie an andere weitergibt.

Was ist einfacher Lobpreis?

✋ Lobpreis
Hände im Lobpreis zu Gott erheben.

✋ Gebet
> Die Hände in der klassischen „Gebetshaltung" falten.

✋ Lernen
> Handflächen nach oben halten, als ob man ein Buch liest.

✋ Übung
> Hände vor und zurück bewegen, als ob man Saaten ausstreut.

Warum halten wir einfachen Lobpreis?

—Markus 12, 30– und du sollst den Herrn, deinen Gott, lieben von ganzem Herzen, von ganzer Seele, von ganzem Gemüt und von allen deinen Kräften«.

- Wiederholen Sie die Beschreibung des einfachen Lobpreises mit den Teilnehmern. Jeder Bestandteil des einfachen Lobpreises trainiert uns, dem wichtigsten Gebot von Jesus zu gehorchen, wie es bei Markus 12, 30 steht.
- Diese Lektion erläutert den Zweck von einfachem Lobpreis. Üben Sie die Handbewegungen mehrmals mit den Teilnehmern.

„Wir lieben Gott von ganzem Herzen, also loben wir IHN; wir lieben Gott mit ganzer Seele, also beten wir; wir lieben Gott mit all unserem Verstand, also lernen wir; wir lieben Gott mit all unserer Kraft, also üben wir."

Wir…	daher werden wir…	Handbewegung
lieben Gott von ganzem Herzen	lobpreisen	Die Hände über das Herz halten und dann in Lobpreis zu Gott erheben.
lieben Gott von ganzer Seele	beten	die Hände ausstrecken und dann in klassischer Gebetshaltung falten
lieben Gott mit all unserem Verstand	lernen	eine Hand an die rechte Seite des Kopfes halten, als ob man nachdenkt und dann die Handflächen nach oben zeigen lassen, als ob man ein Buch liest
lieben Gott mit all unserer Kraft	weitergeben, was wir gelernt haben (üben)	Arme heben und Muskeln anspannen, dann eine Hand ausstrecken, als ob man Saaten ausstreut.

Wie viele Personen braucht man zum einfachen Lobpreis?

—Matthäus 18, 20– Denn wo zwei oder drei versammelt sind in meinem Namen, da bin ich mitten unter ihnen.

„Jesus hat versprochen, wo zwei oder drei Gläubige zusammen sind, ist er bei ihnen."

Merkvers

—Johannes 13, 34+35– Ein neues Gebot gebe ich euch, dass ihr euch untereinander liebt, wie ich euch geliebt habe, damit auch ihr einander lieb habt. Daran wird jedermann erkennen, dass ihr meine Jünger seid, wenn ihr Liebe untereinander habt.

- Alle stehen auf und sagen den Merkvers zehnmal zusammen. Die ersten sechs Male verwenden die Teilnehmer ihre Bibeln oder Aufzeichnungen. Die letzten vier Male sagen sie den Vers auswendig auf. Die Teilnehmer sollten jedes Mal die Bibelstelle nennen bevor sie den Vers aufsagen und sich wieder hinsetzen, wenn sie fertig sind.
- Diesem Ablauf zu folgen, wird den Trainern helfen, zu erkennen, welche Teams mit der Lektion im "Übungs"-Teil fertig sind.

ÜBUNG

- Bitten Sie die Teilnehmer, sich für diese Lektion ihrem Partner gegenüber zu setzen. Die Partner wechseln sich ab, wenn sie sich gegenseitig in dieser Lektion unterweisen.

„Die ältere Person des Paares wird der Leiter sein."

- Das bedeutet einfach, dass sie als erstes unterrichten wird.
- Befolgen Sie den Trainingsprozess für Trainer von Seite 21.
- Betonen Sie, dass Sie möchten, dass alles im *Lern*-Teil genau so unterrichtet wird, wie Sie es getan haben.

„Stellt Fragen, lest die Bibel zusammen und beantwortet die Fragen auf dieselbe Weise wie ich es mit euch gemacht habe."

- Nach dem gegenseitigen Unterrichten der Lektion bitten Sie die Teilnehmer, Partner zu tauschen und lassen Sie diese wieder abwechselnd die Lektion unterrichten. Wenn alle fertig sind, lassen Sie die Teilnehmer überlegen, wem sie die Lektion nach dem Training weitergeben können.

„Nehmt euch einen Moment, um zu überlegen, wem ihr diese Lektion außerhalb dieses Kurses beibringen könnt. Schreibt den Namen dieser Person oben auf die erste Seite der Lektion."

ABSCHLUSS

Einfacher Lobpreis

- Teilen Sie die Teilnehmer in Vierergruppen ein. Geben Sie jeder Vierergruppe eine Minute Zeit, einen Namen für ihre Gruppe zu finden.
- Gehen Sie im Raum herum und fragen Sie die Gruppen, welchen Namen sie sich ausgesucht haben.
- Wiederholen Sie die Schritte des einfachen Lobpreises mit den Teilnehmern und sagen Sie ihnen, dass sie einfachen Lobpreis zusammen üben werden.

- Jeder in der einfachen Lobpreis-Gruppe sollte einen anderen Teil der Lobpreiszeit leiten. Beispielsweise leitet eine Person die Lobpreiszeit, eine andere die Gebetszeit, eine andere den Lernteil und eine andere die Übungszeit.
- Sagen Sie den Teilnehmern, dass sie die Lobpreiszeit sanft leiten sollen, da es noch andere Gruppen in der Nähe gibt. Erinnern Sie die Teilnehmer daran, die Bibelgeschichten nicht zu „predigen", sondern zu „erzählen". Bitten Sie den Leiter der Lernzeit, seiner Gruppe eine Geschichte zu erzählen über Gottes Liebe. Schlagen Sie die Geschichte vom verlorenen Sohn vor, falls die Teilnehmer sich nicht entscheiden können, welche Bibelgeschichte sie erzählen sollen. Der Leiter des Lernteils wird dann die drei Lernfragen stellen:

    1. Was sagt uns diese Geschichte über Gott?
    2. Was sagt uns diese Geschichte über Menschen?
    3. Wie wird mir diese Geschichte dabei helfen, Jesus nachzufolgen?

- Der Leiter des Übungsteils erzählt die Geschichte noch einmal, die der Leiter des Lernteils erzählt hat und stellt dieselben Fragen, die der Leiter des Lernteils gestellt hat, und die Gruppe diskutiert über jede Frage noch einmal.

Warum ist es für Sie wichtig, eine Jüngerschafts-Gruppe zu initiieren?

SCHAFE UND TIGER ⊗

- Erklären Sie, dass der Raum eine Schaffarm darstellt. Bitten Sie eine Person, ein Wächter (Hirte) zu sein für die Schafe.

Bitten Sie drei Freiwillige, Tiger zu sein. Alle anderen sind Schafe.

„Das Ziel für die Tiger ist, so viele Schafe zu verletzen, wie sie können. Wenn der Wächter einen Tiger berührt, muss der Tiger sich zusammenkauern und ist „tot". Wenn ein Tiger ein Schaf berührt, müssen die Schafe sich zusammenkauern und sind „verletzt". Der Wächter kann verletzt werden, wenn zwei Tiger ihn oder sie gleichzeitig berühren. Sobald ein Teilnehmer "verletzt" oder "tot" ist, scheidet er oder sie aus dem Spiel aus bis es vorbei ist."

- Bitten Sie die Gruppen, Bücher, Stifte und andere potenziell gefährliche Gegenstände vom Boden zu entfernen, bevor sie anfangen.

„Einige von euch werden während des Spiels kreischen, und das ist in Ordnung."

- Zählen Sie bis drei und sagen Sie "Los!" Lassen Sie das Spiel weiterlaufen bis alle Tiger tot oder alle Schafe verletzt sind. Die meisten, wenn nicht sogar alle Schafe werden verletzt sein. Auch der Hirte könnte verletzt sein.
- Sagen Sie der Gruppe, dass Sie das Spiel noch einmal durchführen werden. Dieses Mal jedoch wählen Sie fünf zusätzliche Wächter aus und behalten dieselben drei Tiger wie vorher. Alle anderen sind Schafe. Ermutigen Sie die Schafe, sich zum Schutz in kleinen Gruppen eng an einen Wächter zu schmiegen. Zählen Sie bis drei und sagen Sie "Los!"
- Lassen Sie das Spiel weiterlaufen bis alle Tiger tot oder alle Schafe verletzt sind. Alle Tiger sollten ziemlich schnell sterben. Einige Schafe könnten verletzt sein.

"Dies ist ein Bild dafür, warum wir viele neue Gruppen und Gemeinden brauchen. Das erste Spiel stellt einen Pastor dar, der versucht, seine gesamte Gemeinde zu beschützen und möchte, dass sie größer und größer wird. Es ist leicht für Satan, zu kommen und viele Mitglieder zu verletzen. Im zweiten Spiel waren einige geistliche Leiter in der Lage, ihre kleine Gruppe zu beschützen. Dadurch waren Satan und seine Dämonen (die Tiger) nicht in der Lage, die Schafe so einfach zu verletzen.

„Jesus ist der gute Hirte. Er gab sein Leben für die Schafe. Wir als geistliche Hirten sollten bereit sein, unser „Leben" zu geben – unsere Zeit, unser Gebet, unsere Prioritäten – an jene, die unsere Schafe sind, die zu uns aufschauen, um etwas über Jesus zu lernen. Wir können gleichzeitig nur für eine bestimmte Anzahl Menschen da sein, richtig? Nur Jesus ist allgegenwärtig. Das ist ein weiterer Grund, warum wir andere ausbilden sollten, andere auszubilden, so dass es mehrere gibt, die gegenseitig ihre Lasten tragen und so Christi Gebot erfüllen."

4

Gebet

Der *Gebets*-Teil stellt den Teilnehmern Jesus als den Heiligen vor. Er führte ein heiliges Leben und starb für uns am Kreuz. Gott gebietet uns, Heilige zu sein, wenn wir Jesus nachfolgen. Ein Heiliger preist Gott, führt ein heiliges Leben und betet für andere. Wenn wir dem Beispiel von Jesus im Gebet folgen, loben wir Gott, bereuen unsere Sünden, bitten Gott um das, was wir brauchen und sind bereit, das zu tun, worum ER uns bittet.

Gott beantwortet unsere Gebete auf eine von vier Arten: nein (wenn wir aus falschen Motiven bitten), langsam (wenn das Timing nicht stimmt), Wachstum (wenn wir mehr Reife entwickeln müssen, bevor er eine Antwort gibt) oder gehe (wenn wir nach seinem Wort und Willen bitten). Die Teilnehmer verinnerlichen sich Gottes Telefonnummer, 3-3-3, auf der Basis von Jeremia 33, 3 und werden ermutigt, Gott jeden Tag "anzurufen".

LOBPREIS

- Bitten Sie jemanden, für Gottes Gegenwart und Segen zu beten.
- Singen Sie zwei Lobpreislieder zusammen.

GEBET

- Teilen Sie die Teilnehmer paarweise auf zusammen mit einem anderen Partner als vorher.
- Jeder Teilnehmer bespricht mit seinem Partner die Antworten auf die folgenden Fragen:

    1. Wie können wir für verlorene Menschen beten, die wir kennen, damit sie errettet werden?
    2. Wie können wir für die Gruppe beten, die wir unterrichten?

- Wenn ein Partner noch nicht damit begonnen hat, andere zu unterrichten, beten Sie für potenzielle Menschen in deren Einflussbereich, die sie unterrichten können.
- Die Partner beten zusammen.

LERNEN

Flüsterpost ca

„Habt ihr schon einmal Flüsterpost gespielt?"

- Erklären Sie, dass Sie der Person neben Ihnen ein paar Worte ins Ohr flüstern werden, und dann wird es jeder der jeweils nächsten Person weitersagen. Jeder flüstert seinem

Nachbarn ins Ohr, was er gehört hat, bis die Nachricht im Kreis die Runde gemacht hat.
- Die letzte Person wird den Satz wiederholen, den sie gehört hat. Sie sagen den Satz, den Sie am Anfang gesagt haben, und jeder kann vergleichen, wie ähnlich sich die Sätze sind. Wählen Sie einen Satz aus, der etwas bescheuert ist und aus mehreren Teilen besteht. Spielen Sie das Spiel zweimal.

„Wir hören oft viele Dinge über Gott, aber wir sprechen nicht immer direkt mit ihm. Wenn ihr mich in unserem Spiel gefragt hättet, was ich gesagt habe, wäre es nicht schwer zu verstehen gewesen. Als ihr den Satz aber über mehrere Personen gehört hattet, war es leicht, Fehler zu machen. Das Gebet ist sehr wichtig in unserem geistlichen Leben, weil wir dabei *direkt* mit Gott sprechen."

Wiederholung

Jede Wiederholungseinheit läuft gleich ab. Bitten Sie die Teilnehmer, aufzustehen und die bisher gelernten Lektionen zu wiederholen. Stellen Sie sicher, dass sie auch die Handbewegungen ausführen.

Welches sind die acht Bilder, die uns helfen, Jesus nachzufolgen?
Soldat, Suchender, Hirte, Sämann, Sohn, Heiliger, Diener und Verwalter

Vermehrung
Welche drei Dinge tut ein Verwalter?
Welches war Gottes erstes Gebot an die Menschen?
Welches war das letzte Gebot von Jesus an die Menschen?
Wie kann ich Frucht bringen und mich Vermehrung erzeugen?
Wie heißen die zwei Gewässer in Israel?
Warum sind sie so verschieden?
Wie welcher von den beiden möchtest du sein?

Liebe
Welche drei Dinge tut ein Hirte?
Welches ist das wichtigste Gebot, das wir anderen beibringen?
Wo kommt die Liebe her?
Was ist einfacher Lobpreis?
Warum halten wir einfachen Lobpreis ab?
Wie viele Personen benötigt man für einfachen Lobpreis?

Wie ist Jesus?

–Lukas 4, 33-35– Und es war ein Mensch in der Synagoge, besessen von einem unreinen Geist, und der schrie laut: Halt, was willst du von uns, Jesus von Nazareth? Du bist gekommen, uns zu vernichten. Ich weiß, wer du bist: der Heilige Gottes! Und Jesus bedrohte ihn und sprach: Verstumme und fahre aus von ihm! Und der böse Geist warf ihn mitten unter sie und fuhr von ihm aus und tat ihm keinen Schaden.

„Jesus ist der Geheiligte Gottes. Er ist derjenige, den wir preisen. Er tritt für uns ein vor dem Thron Gottes. Er ruft uns auf, für andere einzutreten und ein heiliges Leben in Verbindung mit ihm zu leben. Jesus ist der Heilige. Wir sind zu einem heiligen Leben berufen."

Heiliger
 Die Hände in der klassischen „Gebetshaltung" falten

Welche drei Dinge tut ein Heiliger?

–Matthäus 21, 12-16– Und Jesus ging in den Tempel hinein und trieb heraus alle Verkäufer und Käufer im Tempel und stieß die Tische der Geldwechsler um und die Stände der

Taubenhändler und sprach zu ihnen: Es steht geschrieben (Jesaja 56,7): »Mein Haus soll ein Bethaus heißen«; ihr aber macht eine Räuberhöhle daraus. Und es gingen zu ihm Blinde und Lahme im Tempel und er heilte sie. Als aber die Hohenpriester und Schriftgelehrten die Wunder sahen, die er tat, und die Kinder, die im Tempel schrien: Hosianna dem Sohn Davids!, entrüsteten sie sich und sprachen zu ihm: Hörst du auch, was diese sagen? Jesus antwortete ihnen: Ja! Habt ihr nie gelesen (Psalm 8,3): »Aus dem Munde der Unmündigen und Säuglinge hast du dir Lob bereitet«?

1. Heilige beten Gott an.

   „Wir sollen Gott lobpreisen wie auch die Kinder im Tempel."

2. Heilige führen ein heiliges Leben.

   „Jesus ließ es nicht zu, dass seines Vaters Haus durch Habgier verunreinigt wird."

3. Heilige beten für andere.

   „Jesus sagte, dass Gottes Haus ein Haus des Gebets ist."

„Jesus ist der Heilige und lebt in uns. Wenn wir ihm nachfolgen, werden wir in der Heiligkeit als seine Geheiligten wachsen. Wir werden anbeten, ein heiliges Leben führen und für andere beten so wie Jesus es tat."

Wie sollen wir beten?

–Lukas 10, 21– Zu der Stunde freute sich Jesus im Heiligen Geist und sprach: Ich preise dich, Vater, Herr des Himmels und

der Erde, weil du dies den Weisen und Klugen verborgen hast und hast es den Unmündigen offenbart. Ja, Vater, so hat es dir wohlgefallen.

LOBPREIS

„Jesus kam vor Gott in Gebet, Freude und Danksagung dafür, was Gott in der Welt tut."

> **Lobpreis**
> ✋ Hände in Anbetung erheben

—Lukas 18, 10-14— Es gingen zwei Menschen hinauf in den Tempel, um zu beten, der eine ein Pharisäer, der andere ein Zöllner. Der Pharisäer stand für sich und betete so: Ich danke dir, Gott, dass ich nicht bin wie die andern Leute, Räuber, Betrüger, Ehebrecher oder auch wie dieser Zöllner. Ich faste zweimal in der Woche und gebe den Zehnten von allem, was ich einnehme. Der Zöllner aber stand ferne, wollte auch die Augen nicht aufheben zum Himmel, sondern schlug an seine Brust und sprach: Gott, sei mir Sünder gnädig! Ich sage euch: Dieser ging gerechtfertigt hinab in sein Haus, nicht jener. Denn wer sich selbst erhöht, der wird erniedrigt werden; und wer sich selbst erniedrigt, der wird erhöht werden.

BUSSE TUN

„In dieser Geschichte vergleicht Jesus zwei Männer miteinander, die beten. Als der Pharisäer betete, war er stolz und betrachtete sich selbst den „Sündern" übergeordnet. Als der Zöllner betete, demütigte er sich selbst vor Gott und bekannte seinen sündhaften Zustand. Jesus sagte, der Zöllner war derjenige, der Gott gefiel im Gebet."

"Buße bedeutet, unsere Sünden zu bekennen und sich davon abzuwenden, sie wieder zu begehen. Denen, die Buße tun, wird vergeben und sie gefallen Gott."

    Buße
 Handflächen nach außen gekehrt und das Gesicht abschirmend; Kopf abgewendet

—Lukas 11, 9— *Und ich sage euch auch: Bittet, so wird euch gegeben; suchet, so werdet ihr finden; klopfet an, so wird euch aufgetan.*

BITTEN

„Nachdem wir mit Lobpreis und Buße in Gottes Gegenwart getreten sind, sind wir bereit, Gott um die Dinge zu bitten, die wir brauchen. Viele Menschen beginnen ihre Gebete mit Bitten, aber das ist unhöflich. Das Vaterunser lehrt uns, mit Lobpreis für den Vater zu beginnen (Matthäus 6, 9) und danach zu bitten."

    Bitten
 Hände zu Schalen geformt, um zu empfangen

—Lukas 22, 42— *und sprach: Vater, willst du, so nimm diesen Kelch von mir; doch nicht mein, sondern dein Wille geschehe!*

EMPFANGEN

„Jesus rang im Garten Gethsemane damit, zum Kreuz zu gehen. Jedoch sagte er: "Aber nicht mein Wille, sondern dein Wille geschehe." Nachdem wir Gott um die Dinge gebeten haben, die wir brauchen, hören wir ihm zu und empfangen die Dinge, um die er uns bittet."

> **Empfangen – Gott bittet uns**
> 🖐 Hände zum Gebet gefaltet und hoch an die Stirn erhoben, um Respekt zu symbolisieren

Gemeinsames Gebet

- Führen Sie die Gruppe in eine Gebetszeit, indem Sie nacheinander die vier Phasen des Gebets anwenden.
- Jeder in der Gruppe betet laut während der "Lobpreis" und „Bitten"-Phasen. Beten Sie still während der "Buße" und "Empfangen"-Phasen.

„Ihr merkt, wann die Zeit für diese Phase vorbei ist, wenn ich sage:"Und das gesamte Volk Gottes sagte… Amen."

- Ermutigen Sie die Teilnehmer, die Handbewegungen zu verwenden während des Gebets, um sich leichter zu erinnern, welchen Teil des Gebets sie ausführen.

Wie wird Gott uns antworten?

—Matthäus 20, 20-22– Da trat zu ihm die Mutter der Söhne des Zebedäus mit ihren Söhnen, fiel vor ihm nieder und wollte ihn um etwas bitten. Und er sprach zu ihr: Was willst du? Sie sprach zu ihm: Lass diese meine beiden Söhne sitzen in

deinem Reich, einen zu deiner Rechten und den andern zu deiner Linken. Aber Jesus antwortete und sprach: Ihr wisst nicht, was ihr bittet. Könnt ihr den Kelch trinken, den ich trinken werde? Sie antworteten ihm: Ja, das können wir.

NEIN

„Die Mutter von Jakobus und Johannes bat Jesus, ihren Söhnen die privilegiertesten Positionen in seinem Reich zu geben. Stolz und Macht motivierten sie. Jesus sagte ihr, dass er ihrem Wunsch nicht nachgeben würde, da nur der Vater diese Autorität besitzt. Gott sagt "nein", wenn wir aus den falschen Motiven heraus bitten."

> Nein – Wir haben die falschen Motive.
> Kopfschütteln, um ein "nein" anzudeuten

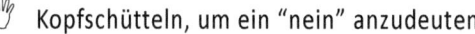

–Johannes 11, 11-15– Das sagte er und danach spricht er zu ihnen: Lazarus, unser Freund, schläft, aber ich gehe hin, ihn aufzuwecken. Da sprachen seine Jünger: Herr, wenn er schläft, wird's besser mit ihm. Jesus aber sprach von seinem Tode; sie meinten aber, er rede vom leiblichen Schlaf. Da sagte es ihnen Jesus frei heraus: Lazarus ist gestorben; und ich bin froh um euretwillen, dass ich nicht da gewesen bin, damit ihr glaubt. Aber lasst uns zu ihm gehen!

LANGSAM

„Jesus wusste, dass Lazarus krank war, und er hätte viel früher dort sein und ihn heilen können. Jedoch wartete Jesus bis Lazarus tot war, da er ein größeres Wunder tun wollte – eine Wiederauferstehung. Jesus wusste, dass es ihren Glauben stärken würde und Gott größere Ehre bringen würde, wenn Lazarus wiederauferstehen würde. Manchmal müssen wir warten, weil die Zeit noch nicht reif ist."

> Langsam – Wir müssen auf Gottes Zeitpunkt warten und nicht unseren eigenen.
> Hände nach unten drücken, so als würde man ein Auto verlangsamen

---

–Lukas 9, 51-56– Es begab sich aber, als die Zeit erfüllt war, dass er hinweggenommen werden sollte, da wandte er sein Angesicht, stracks nach Jerusalem zu wandern. Und er sandte Boten vor sich her; die gingen hin und kamen in ein Dorf der Samariter, ihm Herberge zu bereiten. Und sie nahmen ihn nicht auf, weil er sein Angesicht gewandt hatte, nach Jerusalem zu wandern. Als aber das seine Jünger Jakobus und Johannes sahen, sprachen sie: Herr, willst du, so wollen wir sagen, dass Feuer vom Himmel falle und sie verzehre. Jesus aber wandte sich um und wies sie zurecht. 1 Und sie gingen in ein andres Dorf.

WACHSTUM

„Als das samaritische Dorf Jesus nicht willkommen hieß, wollten Jakobus und Johannes, dass er das ganze Dorf mit Feuer zerstören sollte. Die Jünger verstanden die Mission von Jesus nicht: Er kam, um die Menschen zu erretten und nicht, um ihnen zu schaden. Die Jünger mussten noch reifer werden! Wenn wir also Gott um Dinge bitten, die wir nicht wirklich brauchen oder die uns in Schwierigkeiten bringen würden oder nicht mit Gottes Mission für unser

Leben übereinstimmen, gibt er sie uns nicht. Er sagt, wir müssen noch reifen."

> Wachstum – Gott möchte, dass wir in einem Bereich erst noch reifen
> ✋ Die Hände beschreiben eine Pflanze, die aufwächst

⊕

–Johannes 15, 7– Wenn ihr in mir bleibt und meine Worte in euch bleiben, werdet ihr bitten, was ihr wollt, und es wird euch widerfahren.

GEH'

„Wenn wir Jesus nachfolgen und in seinem Wort bleiben, können wir Gott um die Dinge bitten, die wir brauchen und darauf vertrauen, dass er sie uns gibt. Gott sagt: "Ja! Geh'! Du kannst es haben!"

> Geh' – Wir haben nach seinem Willen gebetet und er sagt "ja"
> ✋ Kopfnicken, um ein „ja" anzudeuten und Hände vorwärtsbewegen, um ein „geh'" anzudeuten

Merkvers

–Lukas 11, 9– Und ich sage euch auch: Bittet, so wird euch gegeben; suchet, so werdet ihr finden; klopfet an, so wird euch aufgetan

- Alle stehen auf und sagen den Merkvers zehnmal zusammen. Die ersten sechs Male verwenden die Teilnehmer ihre Bibeln oder Aufzeichnungen. Die letzten vier Male sagen

sie den Vers auswendig auf. Die Teilnehmer sollten jedes Mal die Bibelstelle nennen bevor sie den Vers aufsagen und sich wieder hinsetzen, wenn sie fertig sind.
- Diesem Ablauf zu folgen, wird den Trainern helfen, zu erkennen, welche Teams mit der Lektion im "Übungs"-Teil fertig sind.

ÜBUNG

- Bitten Sie die Teilnehmer, sich für diese Lektion ihrem Partner gegenüber zu setzen. Die Partner wechseln sich ab, wenn sie sich gegenseitig in dieser Lektion unterweisen.

„Die kleinere Person des Paares wird der Leiter sein."

- Das bedeutet einfach, dass sie als erstes unterrichten wird.
- Befolgen Sie den Trainingsprozess für Trainer von Seite 21.
- Betonen Sie, dass Sie möchten, dass alles im *Lern*-Teil genau so unterrichtet wird, wie Sie es getan haben.

„Stellt Fragen, lest die Bibel zusammen und beantwortet die Fragen auf dieselbe Weise wie ich es mit euch gemacht habe."

- Nach dem gegenseitigen Unterrichten der Lektion bitten Sie die Teilnehmer, Partner zu tauschen und lassen Sie diese wieder abwechselnd die Lektion unterrichten. Wenn alle fertig sind, lassen Sie die Teilnehmer überlegen, wem sie die Lektion nach dem Training weitergeben können.

„Nehmt euch einen Moment, um zu überlegen, wem ihr diese Lektion außerhalb dieses Kurses beibringen könnt. Schreibt den Namen dieser Person oben auf die erste Seite der Lektion."

Abschluss

Gottes Telefonnummer ca

„Kennt ihr Gottes Telefonnummer? Sie lautet 3-3-3."

–Jeremia 33, 3– Rufe mich an, so will ich dir antworten und will dir kundtun große und unfassbare Dinge, von denen du nichts weißt.

„Stellt sicher, dass ihr ihn jeden Tag anruft. Er wartet darauf, von euch zu hören und liebt es, mit seinen Kindern zu sprechen!"

Zwei Hände – Zehn Finger ca

- Halten Sie zwei Hände hoch.

„Es gibt zwei Arten von Menschen, für die wir jeden Tag beten sollten: Gläubige und Ungläubige."

„Wir beten für Gläubige, dass sie Jesus nachfolgen und andere unterweisen, dasselbe zu tun. Wir beten für Ungläubige, dass sie Christus empfangen."

- Ermutigen Sie die Teilnehmer, fünf Personen auszuwählen, die sie an ihrer rechten Hand abzählen und die noch nicht gläubig sind. Beten Sie für sie, damit sie Nachfolger Jesu werden.
- Mit der linken Hand sollten die Teilnehmer Gläubige abzählen, die sie kennen, und denen sie beibringen können, Jesus nachzufolgen. Beten Sie für diese Gläubigen, damit sie Jesus mit ihrem ganzen Herzen nachfolgen.

5

Gehorsam

Der *Gehorsams*-Teil stellt den Teilnehmern Jesus als einen Diener vor: Diener helfen Menschen; sie haben ein demütiges Herz, und sie gehorchen ihrem Meister. So wie Jesus seinem Vater diente und ihm nachfolgte, dienen wir nun ihm und folgen ihm nach. Als derjenige, der alle Autorität besitzt, hat er uns vier Gebote gegeben, die wir befolgen sollen: geht hin, macht zu Jüngern, tauft und lehrt sie alles halten, was ER befohlen hat. Jesus hat auch versprochen, dass er immer bei uns sein würde. Wenn Jesus ein Gebot gibt, sollten wir es immer befolgen, sofort, und mit einem liebevollen Herzen.

Jeder erlebt Stürme im Leben, aber ein weiser Mensch baut sein Leben darauf auf, den Geboten von Jesus zu gehorchen; der törichte Mensch tut das nicht. Schließlich fangen die Teilnehmer mit einer Karte von Apostelgeschichte 29 an, einem Bild ihres Erntefeldes, das sie am Ende des Jüngerschaftskurses vorstellen werden.

LOBPREIS

- Bitten Sie jemanden, für Gottes Gegenwart und Segen zu beten.
- Singen Sie zwei Lobpreislieder zusammen.

GEBET

- Teilen Sie die Teilnehmer paarweise auf zusammen mit einem anderen Partner als vorher.
- Jeder Teilnehmer bespricht mit seinem Partner die Antworten auf die folgenden Fragen:

    1. Wie können wir für verlorene Menschen beten, die wir kennen, damit sie errettet werden?
    2. Wie können wir für die Gruppe beten, die wir unterrichten?

- Wenn ein Partner noch nicht damit begonnen hat, andere zu unterrichten, beten Sie für potenzielle Menschen in deren Einflussbereich, die sie unterrichten können.
- Die Partner beten zusammen.

LERNEN

Ententanz ✥

„Ich werde heute etwas tun, wovon ich hoffe, dass ihr es niemals vergessen werdet. Stellt euch im Kreis auf und schaut mir zu. Ich möchte, dass ihr alles nachmacht, was ich vormache."

- Beim ersten Mal zeigen Sie einfache Handbewegungen, die jeder nachmachen kann, z. B. gähnen, die Wange streicheln, den Ellbogen reiben etc. Führen Sie die Bewegungen langsam und einfach genug aus, so dass jeder sie einfach nachmachen kann

„War es leicht, mir zu folgen? Warum oder warum nicht?"

„Es war leicht, mich nachzuahmen, weil ich alles einfach gestaltet habe. Jetzt möchte ich, dass ihr mich noch einmal nachahmt. Denkt daran, tut alles so, wie ich es mache."

- Beim zweiten Mal zeigen Sie Bewegungen, die Kombinationen des Ententanzes, John Travoltas Disco-Tanz und Foxtrott darstellen.
- Denken Sie sich Ihren eigenen verrückten, komplizierten Tanz aus, den niemand nachahmen kann. Einige werden versuchen, Sie nachzuahmen, aber die meisten werden nur lachen und sagen, dass es unmöglich ist.

„War es dieses Mal leicht, mir zu folgen? Warum oder warum nicht?"

„Wir bringen euch Lektionen bei, die einfach nachvollziehbar sind. Wenn wir die Lektionen auf diese Weise unterrichten, könnt ihr andere ausbilden, die wieder andere ausbilden. Wenn eine Lektion zu kompliziert ist, können die Menschen sie nicht mit anderen teilen. Wenn ihr euch die Art und Weise anschaut, wie Jesus unterrichtet hat, werdet ihr feststellen, dass er einfache Lektionen weitergegeben hat, an welche die Menschen sich erinnern und die sie anderen weitersagen konnten. Wir möchten der Methode von Jesus folgen, wenn wir andere unterrichten."

Wiederholung

Jede Wiederholungseinheit läuft gleich ab. Bitten Sie die Teilnehmer, aufzustehen und die bisher gelernten Lektionen zu wiederholen. Stellen Sie sicher, dass sie auch die Handbewegungen ausführen.

> **Welches sind die acht Bilder, die uns helfen, Jesus nachzufolgen?**
> *Soldat, Suchender, Hirte, Sämann, Sohn, Heiliger, Diener und Verwalter*

> **Vermehrung**
> *Welche drei Dinge tut ein Verwalter?*
> *Welches war Gottes erstes Gebot an die Menschen?*
> *Welches war das letzte Gebot von Jesus an die Menschen?*
> *Wie kann ich Frucht bringen und mich Vermehrung erzeugen?*
> *Wie heißen die zwei Gewässer in Israel?*
> *Warum sind sie so verschieden?*
> *Wie welcher von den beiden möchtest du sein?*

> **Liebe**
> *Welche drei Dinge tut ein Hirte?*
> *Welches ist das wichtigste Gebot, das wir anderen beibringen?*
> *Wo kommt die Liebe her?*
> *Was ist einfacher Lobpreis?*
> *Warum halten wir einfachen Lobpreis ab?*
> *Wie viele Personen benötigt man für einfachen Lobpreis?*

> **Gebet**
> *Welche drei Dinge tut ein Heiliger?*
> *Wie sollten wir beten?*
> *Wie wird Gott uns antworten?*
> *Wie lautet Gottes Telefonnummer?*

Wie ist Jesus?

—Markus 10, 45— Denn auch der Menschensohn ist nicht gekommen, dass er sich dienen lasse, sondern dass er diene und sein Leben gebe als Lösegeld für viele.

„Jesus ist ein Diener. Jesu Leidenschaft war es, seinem Vater zu dienen, indem er sein Leben für die Menschheit gab."

Diener
 So tun, als ob man einen Hammer führt

Welche drei Dinge tut ein Diener?

—Philipper 2, 5-8— Seid so unter euch gesinnt, wie es auch der Gemeinschaft in Christus Jesus entspricht: 1 Er, der in göttlicher Gestalt war, hielt es nicht für einen Raub, Gott gleich zu sein, sondern entäußerte sich selbst und nahm Knechtsgestalt an, ward den Menschen gleich und der Erscheinung nach als Mensch erkannt. Er erniedrigte sich selbst und ward gehorsam bis zum Tode, ja zum Tode am Kreuz.

1. Diener helfen anderen.

    „Jesus starb am Kreuz, um uns zu helfen, zurück in Gottes Familie zu kommen."

2. Diener haben ein demütiges Herz.
3. Diener gehorchen ihrem Meister.

    „Jesus gehorchte dem Vater. Wir müssen unserem Meister gehorchen."

„Jesus half uns, indem er am Kreuz für unsere Sünden starb. Er demütigte sich selbst und strebte immer danach, seinem Vater zu gehorchen. Jesus ist ein Diener und lebt in uns. Wenn wir ihm nachfolgen, werden wir auch Diener. Wir werden anderen helfen, ein demütiges Herz haben und unserem Meister gehorchen – Jesus."

Wer hat die höchste Autorität auf der Welt?

–Matthäus 28, 18– Und Jesus trat herzu und sprach zu ihnen: Mir ist gegeben alle Gewalt im Himmel und auf Erden.

„Jesus ist die höchste Autorität im Himmel und auf Erden. Er hat mehr Autorität als unsere Eltern, Lehrer und Regierungsvertreter. Tatsächlich hat er mehr Autorität und Macht als alle Menschen auf der ganzen Welt zusammen. Weil er die höchste Autorität hat, sollten wir ihm vor jedem anderen gehorchen, wenn er uns ein Gebot gibt."

Welches sind die vier Gebote, die Jesus jedem Gläubigen gegeben hat?

–Matthäus 28, 19-20a– Darum gehet hin und machet zu Jüngern alle Völker: Taufet sie auf den Namen des Vaters und des Sohnes und des Heiligen Geistes und lehret sie halten alles, was ich euch befohlen habe.

GEH'

Finger in einer "Gehbewegung" vorwärtsbewegen

ZU JÜNGERN MACHEN

- Alle vier Handbewegungen des einfachen Lobpreises: loben, beten, lernen, üben

TAUFEN

- Eine Hand auf den anderen Ellbogen legen und diesen hoch und tief bewegen, so als ob jemand getauft würde

SIE LEHREN, SEINE GEBOTE ZU HALTEN

- Hände zusammenführen, als ob man ein Buch liest und dann das "Buch" von links nach rechts hin und her schieben, als ob man Menschen unterrichtet

Wie sollten wir Jesus gehorchen?

„Ich will euch drei Geschichten erzählen, die zeigen, auf welche Art Gott Gehorsam von uns möchte. Hört bitte gut zu, damit ihr sie wiederholen könnt, wenn ihr eurem Partner in ein paar Minuten die Lektion beibringt."

DIE GANZE ZEIT

„Ein Sohn sagte seinem Vater, dass er ihm in jedem Monat des Jahres gehorchen würde, außer in einem. Während dieses Monats würde er alles tun, was er wollte (Alkohol trinken, Schule schwänzen etc.). Was glaubt ihr, was der Vater dazu sagte?"

„Derselbe Junge sagte seinem Vater: "Ich werde dir jede Woche des Jahres gehorchen, außer in einer Woche, da werde ich alles das tun, was ich will." (Drogen nehmen, von zu Hause ausreißen etc.) Was glaubt ihr, was der Vater dazu sagte?"

„Dann sagte der Junge: "Ich werde dir jeden Tag des Jahres gehorchen, außer an einem. An diesem Tag, werde ich alles das tun, was ich will." (Heiraten; jemanden umbringen etc.) Was glaubt ihr, was der Vater dazu sagte?"

„Wir erwarten von unseren Kindern, dass sie die ganze Zeit über gehorchen. Auf dieselbe Art erwartet Jesus von uns, dass wir ihm die ganze Zeit über gehorchen, wenn er uns ein Gebot gibt."

> Die ganze Zeit
> Die Hand von links nach rechts bewegen

SOFORT

„Es war einmal ein Mädchen, die liebte ihre Mutter sehr. Ihre Mutter wurde sehr krank und würde bald sterben. Die Mutter bat ihre Tochter: "Bitte gib' mir Wasser zu trinken." Die Tochter sagte: "Ja, mache ich… (kurze Pause) nächste Woche." Was glaubt ihr, was die Mutter dazu sagte?"

„Wir erwarten von unseren Kindern, dass sie sofort gehorchen, nicht wann es ihnen passt. Auf dieselbe Art erwartet Jesus von uns, dass wir ihm sofort gehorchen, wenn er uns ein Gebot gibt, nicht irgendwann in der Zukunft."

Sofort
 Die Hände in einer schneidenden Bewegung von oben nach unten bewegen

AUS EINEM LIEBEVOLLEN HERZEN

„Es war einmal ein junger Mann, der heiraten wollte. Ich sagte ihm, ich würde einen Roboter bauen, der all seinen Befehlen gehorchen würde. Wenn er von der Arbeit nach Hause kommt, würde der Roboter sagen: „Ich liebe dich so sehr; du arbeitest so fleißig." Wenn er seine Roboterfrau bitten würde, etwas zu tun, würde sie immer sagen: „Ja, Schatz. Du bist der großartigste Mann auf der Welt." Was glaubt ihr, dachte mein Freund über diese Art von Ehefrau?" (Imitieren Sie einen Roboter, wenn Sie sagen, was der Roboter sagen würde.)

„Wir möchten Liebe, die aus einem echten Herzen kommt, nicht von einem programmierten Roboter. Wir möchten echte Liebe. Auf dieselbe Art möchte Gott, dass wir aus einem liebevollen Herzen gehorchen."

Aus einem liebevollen Herzen
 Die Hände über der Brust kreuzen und dann in Anbetung zu Gott erheben

- Wiederholen Sie die drei Handbewegungen einige Male:

„Jesus möchte, dass wir ihm gehorchen: die ganze Zeit, sofort und aus einem liebevollen Herzen."

"Jesus hat jedem Gläubigen vier Gebote gegeben. Wie sollten wir gehorchen?"

ER HAT UNS GEBOTEN, ZU GEHEN.

✋ Die Finger in einer "Gehbewegung" vorwärtsbewegen

WIE SOLLTEN WIR GEHORCHEN?

„Die ganze Zeit, sofort und aus einem liebevollen Herzen."

ER HAT UNS BEFOHLEN, MENSCHEN ZU JÜNGERN ZU MACHEN.

✋ Alle vier Handbewegungen des einfachen Lobpreises verwenden: Lobpreis, Gebet, lernen und üben

WIE SOLLTEN WIR GEHORCHEN?

„Die ganze Zeit, sofort und aus einem liebevollen Herzen."

ER HAT UNS GEBOTEN, ZU TAUFEN.

✋ Den rechten Ellbogen in die linke Handfläche legen, den rechten Arm zurückführen und dann wieder nach oben

WIE SOLLTEN WIR GEHORCHEN?

„Die ganze Zeit, sofort und aus einem liebevollen Herzen."

ER HAT UNS GEBOTEN, SIE ALLES HALTEN ZU LEHREN, WAS ER GEBOTEN HAT.

 Hände zusammenführen, als ob man ein Buch liest und dann das "Buch" hin und her bewegen in einem Halbkreis, als ob man Schüler unterrichtet.

WIE SOLLTEN WIR GEHORCHEN?

„Die ganze Zeit, sofort und aus einem liebevollen Herzen."

Was hat Jesus jedem Gläubigen versprochen?

—Matthäus 28, 20b— *Und siehe, ich bin bei euch alle Tage bis an der Welt Ende.*

„Jesus ist immer bei uns. Er ist jetzt und hier bei uns."

Merkvers

—Johannes 15, 10— *Wenn ihr meine Gebote haltet, so bleibt ihr in meiner Liebe, wie ich meines Vaters Gebote halte und bleibe in seiner Liebe.*

- Alle stehen auf und sagen den Merkvers zehnmal zusammen. Die ersten sechs Male verwenden die Teilnehmer ihre Bibeln oder Aufzeichnungen. Die letzten vier Male sagen sie den Vers auswendig auf. Die Teilnehmer sollten jedes Mal die Bibelstelle nennen bevor sie den Vers aufsagen und sich wieder hinsetzen, wenn sie fertig sind.

- Diesem Ablauf zu folgen, wird den Trainern helfen, zu erkennen, welche Teams mit der Lektion im "Übungs"-Teil fertig sind.

ÜBUNG

- Bitten Sie die Teilnehmer, sich für diese Lektion ihrem Partner gegenüber zu setzen. Die Partner wechseln sich ab, wenn sie sich gegenseitig in dieser Lektion unterweisen.

„Die größere Person des Paares wird der Leiter sein."

- Das bedeutet einfach, dass sie als erstes unterrichten wird.
- Befolgen Sie den Trainingsprozess für Trainer von Seite 21.
- Betonen Sie, dass Sie möchten, dass alles im *Lern*-Teil genau so unterrichtet wird, wie Sie es getan haben.

„Stellt Fragen, lest die Bibel zusammen und beantwortet die Fragen auf dieselbe Weise wie ich es mit euch gemacht habe."

- Nach dem gegenseitigen Unterrichten der Lektion bitten Sie die Teilnehmer, Partner zu tauschen und lassen Sie diese wieder abwechselnd die Lektion unterrichten. Wenn alle fertig sind, lassen Sie die Teilnehmer überlegen, wem sie die Lektion nach dem Training weitergeben können.

„Nehmt euch einen Moment, um zu überlegen, wem ihr diese Lektion außerhalb dieses Kurses beibringen könnt. Schreibt den Namen dieser Person oben auf die erste Seite der Lektion."

ABSCHLUSS

Auf das wahre Fundament bauen ଓ

- Bitten Sie um drei Freiwillige für das nächste Theaterspiel: zwei spielen das Stück und einer ist der Erzähler. Stellen Sie die zwei Freiwilligen vor sich hin und den Erzähler an die Seite. Die zwei Freiwilligen, die das Stück spielen, sollten Männer sein.
- Bitten Sie den Erzähler, Matthäus 7, 24 – 25 zu lesen.

„Der Weise baut sein Haus auf Fels."

> – Matthäus 7, 24 - 25– *Darum, wer diese meine Rede hört und tut sie, der gleicht einem klugen Mann, der sein Haus auf Fels baute. Als nun ein Platzregen fiel und die Wasser kamen und die Winde wehten und stießen an das Haus, fiel es doch nicht ein; denn es war auf Fels gegründet.*

- Nachdem der Erzähler den Abschnitt gelesen hat, erzählen Sie, was dem Weisen passiert ist, indem Sie ein Geräusch wie der Wind machen, während Sie Wasser über den Kopf des ersten Freiwilligen kippen.
- Bewahren Sie die Wasserflasche schon vor dem Theaterstück in der Nähe auf.
- Bitten Sie den Erzähler, Matthäus 7, 26 – 27 zu lesen.

„Der Törichte baut sein Haus auf Sand."

> –Matthäus 7, 26 - 27– *Und wer diese meine Rede hört und tut sie nicht, der gleicht einem törichten Mann, der sein Haus auf Sand baute. Als nun ein Platzregen fiel und die Wasser kamen und die Winde wehten und stießen an das Haus, da fiel es ein und sein Fall war groß.*

- Nach der Erzählung erklären Sie, was dem Törichten passiert ist, indem Sie ein Geräusch wie der Wind machen während Sie Wasser über den Kopf des zweiten Freiwilligen kippen. Er sollte am Ende des Stückes umfallen, wenn Sie sagen: "Und der Fall dieses Hauses war groß."

"Wenn wir den Geboten Jesu gehorchen, sind wir wie der Weise. Wenn wir es nicht tun, sind wir wie der Törichte. Wir wollen sichergehen, dass die Menschen, die wir ausbilden, ihr Leben darauf gründen, Jesu Geboten zu gehorchen. Sein Wort ist ein solides Fundament in den Schwierigkeiten des Lebens."

Karte von Apostelgeschichte 29 - Teil 1

- Nach dem Theaterstück "wahres Fundament" geben Sie jedem Teilnehmer ein Stück Plakatpapier, Kugelschreiber, Bleistifte, Buntstifte, Wachsmalkreiden, Filzstifte etc.
- Erklären Sie, dass jeder eine Karte anfertigen wird von dem Ort, an den Gott ihn oder sie berufen hat. Es wird verschiedene Zeiten während des Kurses geben, in denen sie an ihrer Karte arbeiten können. Sie können auch an den Abenden daran weiterarbeiten. Diese Karte stellt ihren Gehorsam gegenüber Jesu Gebot dar, in alle Welt zu gehen.
- Bitten Sie die Teilnehmer, eine Karte von dem Ort zu zeichnen, an den Gott sie berufen hat. Ihre Karte sollte Straßen, Flüsse, Berge, Orientierungspunkte etc. beinhalten. Falls Teilnehmer nicht wissen, wohin Gott sie beruft, ermutigen Sie sie, eine Karte von dem Ort zu zeichnen, an dem sie leben und arbeiten und wo auch die Menschen leben, die ihnen wichtig sind. Das ist ein ausgezeichneter Ausgangspunkt.

Mögliche Kartensymbole

Haus
Krankenhaus/Klinik
Tempel
Kirche
Hausgemeinde
Militärstützpunkt
Moschee
Schule
Markt

Die Teilnehmer fertigen eher bessere Karten an, wenn sie…

- Erst eine Rohzeichnung anfertigen und diese dann auf ein weißes Blatt Papier übertragen.
- Neue Ideen erhalten, während sie herumgehen und sehen, was andere auf ihren Karten machen.
- Erfahren, dass sie die Karte am Ende des Kurses der Gruppe zeigen werden.
- Wachsmalkreiden oder Buntstifte verwenden, um die Karte bunter zu gestalten. H

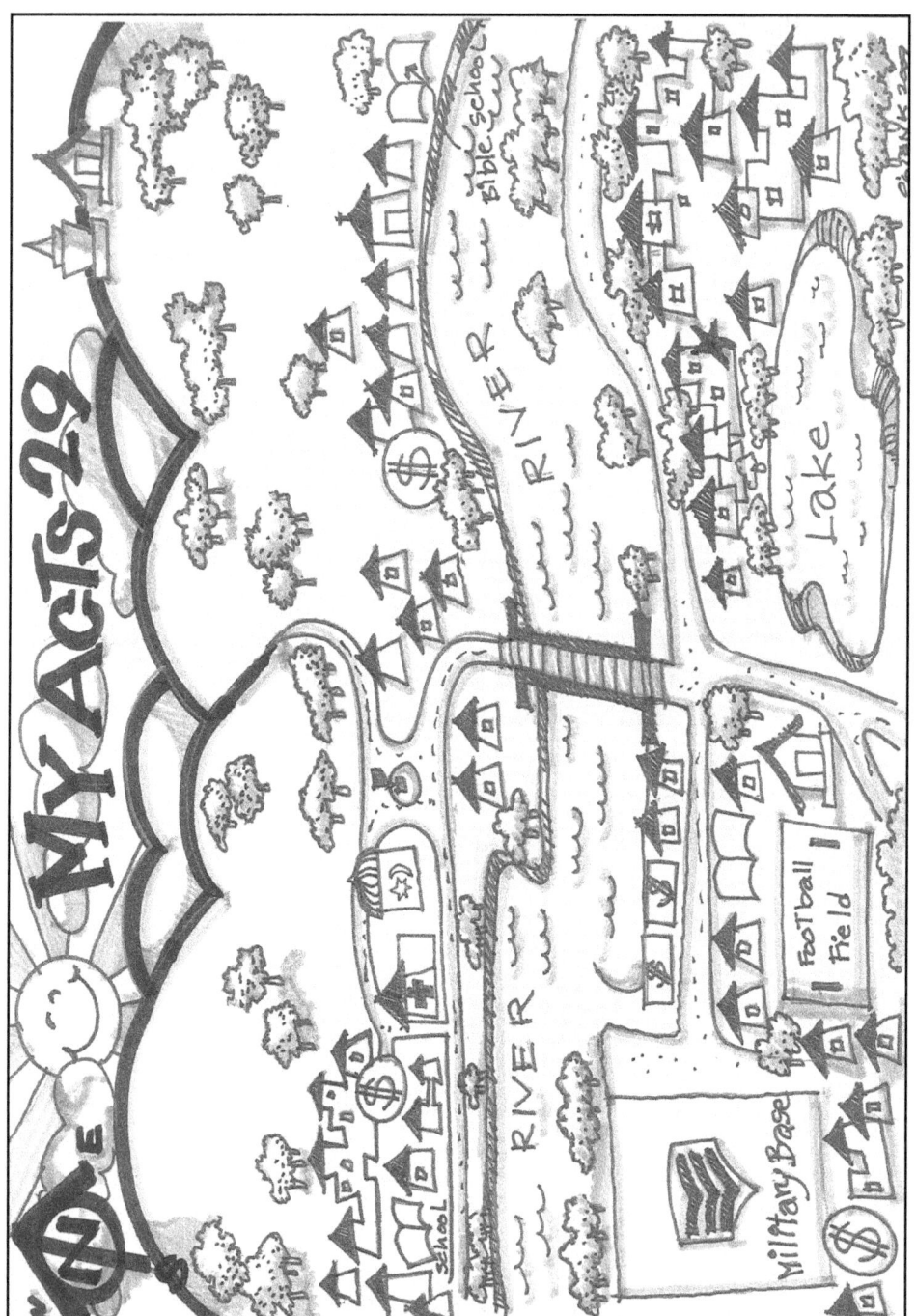

6

Wandeln im Heiligen Geist

Der *Im Heiligen Geist wandeln*-Teil stellt Jesus den Teilnehmern als den Sohn vor: ein Sohn/eine Tochter ehrt seinen/ihren Vater, möchte Einheit und will, dass die Familie Erfolg hat. Der Vater nannte Jesus „geliebt" und der Heilige Geist kam auf Jesus herab bei seiner Taufe. Jesus war erfolgreich in seinem Dienst, weil er sich auf die Kraft des Heiligen Geistes verließ.

Auf dieselbe Weise müssen wir uns auf die Kraft des Heiligen Geistes verlassen in unserem Leben. Wir müssen vier Gebote befolgen, was den Heiligen Geist betrifft: im Geist wandeln, den Geist nicht betrüben, vom Geist erfüllt sein und den Geist nicht dämpfen. Jesus ist heute mit uns und möchte uns helfen, wie er auch den Menschen auf den Straßen Galiläas geholfen hat. Wir können zu Jesus rufen, wenn wir Heilung brauchen von etwas, das uns davon abhält, ihm nachzufolgen.

Lobpreis

- Bitten Sie jemanden, für Gottes Gegenwart und Segen zu beten.
- Singen Sie zwei Lobpreislieder zusammen.

Gebet

- Teilen Sie die Teilnehmer paarweise auf zusammen mit einem anderen Partner als vorher.
- Jeder Teilnehmer bespricht mit seinem Partner die Antworten auf die folgenden Fragen:

    1. Wie können wir für verlorene Menschen beten, die wir kennen, damit sie errettet werden?
    2. Wie können wir für die Gruppe beten, die wir unterrichten?

- Wenn ein Partner noch nicht damit begonnen hat, andere zu unterrichten, beten Sie für potenzielle Menschen in deren Einflussbereich, die sie unterrichten können.
- Die Partner beten zusammen.

Lernen

Leerer Tank ☙

„Was würdet ihr denken, wenn ich mein Motorrad überall hin schieben und niemals auftanken würde?"

- Bitten Sie um einen Freiwilligen. Der Freiwillige wird Ihr „Motorrad" sein. Schieben Sie Ihr Motorrad zur Arbeit, zur Schule, zum Markt und um Freunde zu besuchen. Bei Ihren Freunden bittet man Sie, mit Ihnen auf dem „Motorrad" fahren zu dürfen. Lassen Sie Ihre Freunde aufsteigen und schieben Sie alle zusammen. Zeigen Sie, wie anstrengend das wäre.

„Offensichtlich ist es besser, wenn man das Motorrad mit Benzin auftankt. Dann kann man alles viel leichter erledigen."

- Drehen Sie den Zündschlüssel um und betätigen Sie den Kickstarter Ihres „Motorrades". Es soll auch ein Motorradgeräusch machen.
- Es kann sein, dass Sie öfter anhalten und das Motorrad "reparieren" müssen, wenn es keine Geräusche mehr von sich gibt. Machen Sie alles wie vorher, aber jetzt ist es mühelos, weil Sie das Motorrad nicht mehr schieben müssen. Wenn Ihre Freunde um eine Fahrt bitten, lassen Sie sie aufsteigen und sagen Sie: „Kein Problem. Jetzt hab ich genug Energie."

"Das Motorrad ist wie unser geistliches Leben. Viele Menschen „schieben" ihr geistliches Leben herum und verlassen sich dabei auf ihre eigene Stärke. Deshalb ist ihr Christsein schwierig und sie wollen aufgeben. Andere haben die Kraft des Heiligen Geistes in ihrem Leben entdeckt. Er ist wie das Benzin im Motorrad. Der Heilige Geist gibt uns die Kraft, die wir brauchen, um alles zu tun, was Jesus uns gebietet."

Wiederholung

Jede Wiederholungseinheit läuft gleich ab. Bitten Sie die Teilnehmer, aufzustehen und die bisher gelernten Lektionen zu wiederholen. Stellen Sie sicher, dass sie auch die Handbewegungen ausführen.

Welches sind die acht Bilder, die uns helfen, Jesus nachzufolgen?
Soldat, Suchender, Hirte, Sämann, Sohn, Heiliger, Diener und Verwalter

Vermehrung
Welche drei Dinge tut ein Verwalter?
Welches war Gottes erstes Gebot an die Menschen?
Welches war das letzte Gebot von Jesus an die Menschen?
Wie kann ich Frucht bringen und mich Vermehrung erzeugen?
Wie heißen die zwei Gewässer in Israel?
Warum sind sie so verschieden?
Wie welcher von den beiden möchtest du sein?

Liebe
Welche drei Dinge tut ein Hirte?
Welches ist das wichtigste Gebot, das wir anderen beibringen?
Wo kommt die Liebe her?
Was ist einfacher Lobpreis?
Warum halten wir einfachen Lobpreis ab?
Wie viele Personen benötigt man für einfachen Lobpreis?

Gebet
Welche drei Dinge tut ein Heiliger?
Wie sollten wir beten?
Wie wird Gott uns antworten?
Wie lautet Gottes Telefonnummer?

Gehorsam
Welche drei Dinge tut ein Diener?
Wer hat die höchste Autorität?
Welche vier Gebote hat Jesus jedem Gläubigen gegeben?
Wie sollten wir Jesus gehorchen?
Was hat Jesus uns versprochen?

Wie ist Jesus?

—Matthäus 3, 16-17— Und als Jesus getauft war, stieg er alsbald herauf aus dem Wasser. Und siehe, da tat sich ihm der Himmel auf, und er sah den Geist Gottes wie eine Taube herabfahren und über sich kommen. Und siehe, eine Stimme vom Himmel herab sprach: Dies ist mein lieber Sohn, an dem ich Wohlgefallen habe.

„Jesus ist ein Sohn. "Menschensohn" war Jesu Lieblingsbeschreibung für sich selbst. Er war der erste, der den ewigen Gott „Vater" nannte. Aufgrund seiner Auferstehung können nun auch wir ein Teil von Gottes Familie sein."

Sohn/Tochter
 Hände zum Mund führen, als ob man isst. Söhne essen eine Menge!

Welche drei Dinge tut ein Sohn?

—Johannes 17, 4 + 18-21— Ich habe dich verherrlicht auf Erden und das Werk vollendet, das du mir gegeben hast, damit ich es tue. Wie du mich gesandt hast in die Welt, so sende ich sie auch in die Welt. Ich heilige mich selbst für sie, damit auch sie geheiligt seien in der Wahrheit. Ich bitte aber nicht allein für sie, sondern auch für die, die durch ihr Wort an mich glauben werden, damit sie alle eins seien. Wie du, Vater, in mir bist und ich in dir, so sollen auch sie in uns sein, damit die Welt glaube, dass du mich gesandt hast.

1. Söhne ehren ihren Vater.

   Jesus brachte seinem Vater Ehre während er auf der Erde war.

2. Söhne möchten Einheit in ihrer Familie.

   Jesus möchte, dass seine Nachfolger eins sind, so wie ER und sein Vater eins sind.

3. Söhne möchten, dass die Familie erfolgreich ist.

   So wie Gott Jesus in die Welt schickte, um erfolgreich zu sein, sendet Jesus uns aus, um erfolgreich zu sein.

„Jesus ist ein Sohn, und er lebt in uns. Wenn wir ihm folgen, werden wir Söhne und Töchter sein. Wir werden unseren Vater im Himmel ehren, nach Einheit in Gottes Familie streben und für den Erfolg von Gottes Reich arbeiten."

Warum war der Dienst von Jesus erfolgreich?

—Lukas 4, 14— Und Jesus kam in der Kraft des Geistes wieder nach Galiläa und die Kunde von ihm erscholl durch alle umliegenden Orte.

„Der Heilige Geist gab Jesus die Kraft, Erfolg zu haben. Jesus diente in der Kraft des Heiligen Geistes, nicht durch seine eigene Stärke. Wenn wir Jesus nachfolgen, ahmen wir die Art nach, wie er seinen Dienst ausführte. Jesus verließ sich andauernd auf den Heiligen Geist. Da Jesus sich auf den Heiligen Geist verlassen musste, wie viel mehr sollten wir das tun!"

Was hat Jesus den Gläubigen vor dem Kreuz über den Heiligen Geist versprochen?

—Johannes 14, 16-18— Und ich will den Vater bitten und er wird euch einen andern Tröster geben, dass er bei euch sei in Ewigkeit: den Geist der Wahrheit, den die Welt nicht empfangen kann, denn sie sieht ihn nicht und kennt ihn nicht. Ihr kennt ihn, denn er bleibt bei euch und wird in euch sein. Ich will euch nicht als Waisen zurücklassen; ich komme zu euch.

1. Er wird uns den Heiligen Geist geben.
2. Der Heilige Geist wird für immer bei uns sein.
3. Der Heilige Geist wird in uns sein.
4. Wir werden immer ein Teil von Gottes Familie sein.

„Wir sind ein Teil seiner Familie, weil der Heilige Geist in uns lebt."

Was hat Jesus den Gläubigen nach seiner Auferstehung über den Heiligen Geist versprochen?

—Apostelgeschichte 1, 8— aber ihr werdet die Kraft des Heiligen Geistes empfangen, der auf euch kommen wird, und werdet meine Zeugen sein in Jerusalem und in ganz Judäa und Samarien und bis an das Ende der Erde.

„Der Heilige Geist wird uns Kraft geben, wenn er über uns kommt."

Welche vier Gebote gibt es bezüglich des Heiligen Geistes zu befolgen?

—Galater 5, 16– Ich sage aber: Lebt im Geist, so werdet ihr die Begierden des Fleisches nicht vollbringen.

WANDELN IM HEILIGEN GEIST

- Wählen Sie einen Freiwilligen aus. Partner sollten Mann/Mann oder Frau/Frau sein und nicht gemischt. (Führen Sie es so durch, außer wenn es kulturell kein Problem für Männer und Frauen ist, die Theaterstücke zusammen durchzuführen.)

„Mein Partner und ich werden euch einige Wahrheiten aufzeigen über das Wandeln im Geist Gottes. In diesem Stück spiele ich mich selbst und mein Partner ist der Heilige Geist. Die Bibel sagt: "Wandelt im Geist."

- Demonstrieren Sie "wandeln im Geist" mit Ihrem Partner. Lassen Sie Ihren Partner der "Heilige Geist" sein. Sie und Ihr Partner gehen zusammen Hand in Hand, Schulter an Schulter und reden miteinander. Wenn der Heilige Geist irgendwohin gehen möchte, gehen Sie mit ihm/ihr. Versuchen Sie allerdings, sich manchmal vom Heiligen Geist zu entfernen. Bleiben Sie in Verbindung mit Ihrem Partner, da der Heilige Geist uns nie verlässt. Ringen Sie miteinander, weil er in die eine Richtung geht und Sie in die andere.

„Wir sollten den Weg gehen, den der Heilige Geist will und nicht unseren eigenen. Manchmal wollen wir in unsere eigene Richtung gehen, und das verursacht geistliche Probleme und großen Konflikt in unserem Herzen."

Wandeln im Geist
 "Gehen" mit den Fingern beider Hände

—Epheser 4, 30– Und betrübt nicht den Heiligen Geist Gottes, mit dem ihr versiegelt seid für den Tag der Erlösung.

DEN GEIST NICHT BETRÜBEN

„Die Bibel sagt: "Betrübt nicht den Heiligen Geist." Der Heilige Geist hat Gefühle, und wir können IHN traurig machen."

- Gehen Sie mit dem Heiligen Geist herum (Ihrem Partner) und fangen Sie an, über jemanden in der Gruppe zu lästern. Wenn Sie das tun, wird der Heilige Geist bekümmert. Tun Sie so, als würden Sie einen Streit mit einem anderen Teilnehmer vom Zaun brechen, und der Heilige Geist ist wieder bekümmert.

„Passt darauf auf, wie ihr euer Leben führt, den der Heilige Geist ist in euch und kann betrübt werden. Wir können den Heiligen Geist traurig machen durch das, was wir tun oder sagen."

Den Geist nicht betrüben.
 Die Augen reiben, als ob man weint und dann den Kopf schütteln, um ein „nein" anzudeuten

—Epheser 5, 18— Und sauft euch nicht voll Wein, woraus ein unordentliches Wesen folgt, sondern lasst euch vom Geist erfüllen.

VOM GEIST ERFÜLLT SEIN

„Die Bibel sagt: "Seid erfüllt vom Geist." Das bedeutet, dass wir den Geist in jedem Bereich unseres Lebens brauchen und zu jeder Zeit des Tages."

„Wenn wir Christus empfangen haben, haben wir alles vom Heiligen Geist empfangen, was wir jemals auf Erden haben werden. Es ist nicht möglich, "mehr" vom Heiligen Geist zu bekommen. Jedoch ist es dem Heiligen Geist möglich, „mehr" von uns zu bekommen! Wir wählen jeden Tag aus, wie viel von unserem Leben ER ausfüllen wird. Das Gebot für ihn lautet, jeden Bereich unseres Lebens auszufüllen."

> **Mit dem Geist erfüllt sein**
> Eine fließende Bewegung mit beiden Händen von den Füßen bis zum Kopf machen

—1. Thessalonicher 5,19— Den Geist dämpft nicht.

DEN GEIST NICHT DÄMPFEN

„Die Bibel sagt: "Den Geist dämpft nicht." Das bedeutet, dass wir nicht versuchen sollten, SEIN Werk in unserem Leben zu unterbinden."

- Gehen Sie mit dem Heiligen Geist (Ihrem Partner) herum und sagen Sie der Gruppe, dass der Heilige Geist möchte, dass Sie vor einem der Teilnehmer Zeugnis ablegen. Weigern Sie sich, Zeugnis abzulegen, nennen Sie eine Entschuldigung und gehen Sie einfach weiter. Der Heilige Geist bittet Sie, für eine kranke Person zu beten, aber Sie weigern sich, nennen eine Entschuldigung und gehen in eine andere Richtung.

„Wir behindern oft Gottes Werk, indem wir Entschuldigungen finden und das tun, was wir wollen anstatt der Führung des Heiligen Geistes zu folgen. Es ist so, als ob wir versuchen würden, das Feuer des Heiligen Geistes in unserem Leben auszulöschen."

> Dämpft den Heiligen Geist nicht.
> 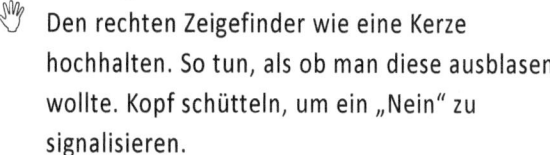 Den rechten Zeigefinger wie eine Kerze hochhalten. So tun, als ob man diese ausblasen wollte. Kopf schütteln, um ein „Nein" zu signalisieren.

Merkvers

—Johannes 7, 38— Wer an mich glaubt, wie die Schrift sagt, von dessen Leib werden Ströme lebendigen Wassers fließen.

- Alle stehen auf und sagen den Merkvers zehnmal zusammen. Die ersten sechs Male verwenden die Teilnehmer ihre Bibeln oder Aufzeichnungen. Die letzten vier Male sagen sie den Vers auswendig auf. Die Teilnehmer sollten jedes Mal die Bibelstelle nennen bevor sie den Vers aufsagen und sich wieder hinsetzen, wenn sie fertig sind.

- Diesem Ablauf zu folgen, wird den Trainern helfen, zu erkennen, welche Teams mit der Lektion im "Übungs"-Teil fertig sind.

ÜBUNG

- Bitten Sie die Teilnehmer, sich für diese Lektion ihrem Partner gegenüber zu setzen. Die Partner wechseln sich ab, wenn sie sich gegenseitig in dieser Lektion unterweisen.

„Die Person des Paares, *die am weitesten vom Kursort entfernt wohnt*, wird der Leiter sein."

- Das bedeutet einfach, dass sie als erstes unterrichten wird.
- Befolgen Sie den Trainingsprozess für Trainer von Seite 21.
- Betonen Sie, dass Sie möchten, dass alles im *Lern*-Teil genau so unterrichtet wird, wie Sie es getan haben.

„Stellt Fragen, lest die Bibel zusammen und beantwortet die Fragen auf dieselbe Weise wie ich es mit euch gemacht habe."

- Nach dem gegenseitigen Unterrichten der Lektion bitten Sie die Teilnehmer, Partner zu tauschen und lassen Sie diese wieder abwechselnd die Lektion unterrichten. Wenn alle fertig sind, lassen Sie die Teilnehmer überlegen, wem sie die Lektion nach dem Training weitergeben können.

„Nehmt euch einen Moment, um zu überlegen, wem ihr diese Lektion außerhalb dieses Kurses beibringen könnt. Schreibt den Namen dieser Person oben auf die erste Seite der Lektion."

ABSCHLUSS

Dies ist eine bedeutsame Zeit des Dienstes. Wenn die Zeit zu knapp wird, könnten Sie diesen Teil auch an den Anfang der nächsten Lektion stellen oder zu einem anderen Zeitpunkt durchführen. Sie können diesen Teil auch verwenden, wenn Ihre Gruppe eine Andachtszeit an einem Abend im Kurs haben möchte.

Jesus ist hier ෬

> *—Hebräer 13, 8— Jesus Christus gestern und heute und derselbe auch in Ewigkeit.*
>
> *—Matthäus 15, 30-31— Und es kam eine große Menge zu ihm; die hatten bei sich Gelähmte, Verkrüppelte, Blinde, Stumme und viele andere Kranke und legten sie Jesus vor die Füße, und er heilte sie, sodass sich das Volk verwunderte, als sie sahen, dass die Stummen redeten, die Verkrüppelten gesund waren, die Gelähmten gingen, die Blinden sahen; und sie priesen den Gott Israels.*
>
> *—Johannes 10, 10— Ein Dieb kommt nur, um zu stehlen, zu schlachten und umzubringen. Ich bin gekommen, damit sie das Leben und volle Genüge haben sollen.*

„In Hebräer 13, 8 sagt die Bibel, dass Jesus gestern, heute und für immer derselbe ist."

„In Matthäus 15, 30 sagt die Bibel, dass Jesus viele Menschen mit unterschiedlichen Problemen geheilt hat."

„In Johannes 10, 10 sagt die Bibel, dass Satan kommt, um zu töten, zu stehlen und zu zerstören, aber Jesus kam, um Leben im Überfluss zu geben."

„Eigentlich wissen wir, dass Jesus jetzt gerade hier bei uns ist. Wenn es einen Bereich in eurem Leben gibt, der Heilung benötigt, möchte ER ihn jetzt heilen, so wie er es in Matthäus 15 tat. Satan möchte euch töten und bestehlen; Jesus möchte euch Leben im Überfluss geben."

„Vielleicht könnt ihr euch geistlich gesehen mit jemandem in Matthäus 15, 30 identifizieren."

„Geht ihr stark an der Seite von Jesus oder macht euch Satan fußlahm?"

✋ Herumhumpeln.

„Jesus ist hier. Bittet ihn, und ER wird euch heilen, damit ihr wieder mit ihm gehen könnt."

„Könnt ihr erkennen, wo Gott wirkt oder hat Satan eure Augen durch Entmutigung erblinden lassen?"

✋ Die Augen bedecken.

„Jesus ist hier. Bittet ihn, und ER wird euch heilen, damit ihr wieder sehen könnt, wo er wirkt."

„Teilt ihr die gute Nachricht von Jesus jedem in eurem Umfeld mit oder seid ihr stumm?"

✋ Den Mund bedecken.

„Jesus ist hier. Bittet IHN, und er wird euch heilen, damit ihr wieder mutig von ihm erzählen könnt."

„Helft ihr anderen, oder hat Satan euch so sehr verletzt, dass ihr nichts mehr geben könnt?"

🖐 Den Arm so tragen, als ob er verletzt in einer Schlinge liegt.

„Jesus ist hier. Bittet IHN, und er wird euch heilen, damit ihr die Vergangenheit hinter euch lassen und wieder mit ihm gehen könnt."

„Gibt es Probleme in eurem Leben, die euch davon abhalten, Jesus mit ganzem Herzen zu folgen?"

„Was auch immer euer Kummer ist, Jesus ist jetzt hier und kann euch heilen. Ruft zu Jesus, lasst euch von IHM heilen und bringt Gott große Ehre!"

- Bitten Sie die Partner, füreinander zu beten und Jesus zu bitten, sie von allem zu heilen, was sie davon abhält, IHM mit ganzem Herzen nachzufolgen.

7

Gehen

Der *Gehen*-Teil stellt Jesus als den Suchenden vor: Suchende suchen nach neuen Orten, verlorenen Menschen und neuen Möglichkeiten. Wie hat Jesus entschieden, wo er hingehen und dienen würde? Er hat es nicht selbst getan; er schaute, wo Gott wirkte; er schloss sich Gott an; und er wusste, dass Gott ihn liebt und es ihm zeigen würde. Wie sollten wir entscheiden, wo wir dienen? – auf dieselbe Art wie Jesus.

Wo wirkt Gott? Er wirkt unter den Armen, Gefangenen, Kranken und Unterdrückten. Ein anderer Ort, wo Gott wirkt, sind unsere Familien. Er möchte unsere gesamte Familie erretten. Die Teilnehmer zeichnen die Orte, an denen Gott wirkt in ihre Karte von Apostelgeschichte 29 ein.

LOBPREIS

- Bitten Sie jemanden, für Gottes Gegenwart und Segen zu beten.
- Singen Sie zwei Lobpreislieder zusammen.

Gebet

- Teilen Sie die Teilnehmer paarweise auf zusammen mit einem anderen Partner als vorher.
- Jeder Teilnehmer bespricht mit seinem Partner die Antworten auf die folgenden Fragen:

    1. Wie können wir für verlorene Menschen beten, die wir kennen, damit sie errettet werden?
    2. Wie können wir für die Gruppe beten, die wir unterrichten?

- Wenn ein Partner noch nicht damit begonnen hat, andere zu unterrichten, beten Sie für potenzielle Menschen in deren Einflussbereich, die sie unterrichten können.
- Die Partner beten zusammen.

Lernen

Wiederholung

Jede Wiederholungseinheit läuft gleich ab. Bitten Sie die Teilnehmer, aufzustehen und die bisher gelernten Lektionen zu wiederholen. Stellen Sie sicher, dass sie auch die Handbewegungen ausführen.

Welches sind die acht Bilder, die uns helfen, Jesus nachzufolgen?
Soldat, Suchender, Hirte, Sämann, Sohn, Heiliger, Diener und Verwalter

Vermehrung
Welche drei Dinge tut ein Verwalter?
Welches war Gottes erstes Gebot an die Menschen?
Welches war das letzte Gebot von Jesus an die Menschen?

Wie kann ich Frucht bringen und mich Vermehrung erzeugen?
Wie heißen die zwei Gewässer in Israel?
Warum sind sie so verschieden?
Wie welcher von den beiden möchtest du sein?

Liebe

Welche drei Dinge tut ein Hirte?
Welches ist das wichtigste Gebot, das wir anderen beibringen?
Wo kommt die Liebe her?
Was ist einfacher Lobpreis?
Warum halten wir einfachen Lobpreis ab?
Wie viele Personen benötigt man für einfachen Lobpreis?

Gebet

Welche drei Dinge tut ein Heiliger?
Wie sollten wir beten?
Wie wird Gott uns antworten?
Wie lautet Gottes Telefonnummer?

Gehorsam

Welche drei Dinge tut ein Diener?
Wer hat die höchste Autorität?
Welche vier Gebote hat Jesus jedem Gläubigen gegeben?
Wie sollten wir Jesus gehorchen?
Was hat Jesus uns versprochen?
Wandeln im Geist
Welche drei Dinge tut ein Sohn?
Wo war die Quelle der Kraft im Dienst von Jesus?
Was hat Jesus den Gläubigen vor dem Kreuz über den Heiligen Geist versprochen?
Was hat Jesus den Gläubigen nach seiner Auferstehung über den Heiligen Geist versprochen?
Welche vier Gebote sollen im Bezug auf den Heiligen Geist befolgt werden?

Wie ist Jesus?

—Lukas 19, 10— Denn der Menschensohn ist gekommen, zu suchen und selig zu machen, was verloren ist.

„Jesus ist ein Suchender. Er suchte verlorene Menschen. Er suchte auch nach Gottes Willen und Gottes Reich an erster Stelle in seinem Leben."

> Suchender
> 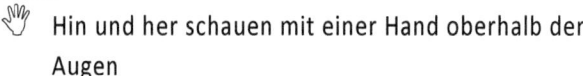 Hin und her schauen mit einer Hand oberhalb der Augen

Welche drei Dinge tut ein Suchender?

—Markus 1, 37 + 38— Und als sie ihn fanden, sprachen sie zu ihm: Jedermann sucht dich. Und er sprach zu ihnen: Lasst uns anderswohin gehen, in die nächsten Städte, dass ich auch dort predige; denn dazu bin ich gekommen.

1. Suchende finden gerne neue Orte.
2. Suchende finden gerne verlorene Menschen.
3. Suchende finden gerne neue Möglichkeiten.

„Jesus ist ein Suchender und lebt in uns. Wenn wir ihm folgen, werden wir auch zu Suchenden."

Wie hat Jesus entschieden, wo er dient?

—Johannes 5, 19 + 20— Da antwortete Jesus und sprach zu ihnen: Wahrlich, wahrlich, ich sage euch: Der Sohn kann nichts von sich aus tun, sondern nur, was er den Vater tun sieht; denn was dieser tut, das tut gleicherweise auch der Sohn.

Denn der Vater hat den Sohn lieb und zeigt ihm alles, was er tut, und wird ihm noch größere Werke zeigen, sodass ihr euch verwundern werdet.

Jesus sagte: "Ich tue nichts aus mir selbst."

🖐 Eine Hand auf das Herz legen und den Kopf schütteln für „nein"

Jesus sagte: "Ich halte danach Ausschau, wo Gott wirkt."

🖐 Eine Hand oberhalb der Augen halten und suchend nach rechts und links schauen.

Jesus sagte: "Wo er wirkt, schließe ich mich ihm an."

🖐 Auf einen Ort weiter vorne zeigen und nicken für "ja"

Jesus sagte: "Und ich weiß, er liebt mich und wird es mir zeigen."

🖐 Hände in Anbetung erheben und dann über dem Herzen kreuzen.

Wie sollten wir entscheiden, wo wir dienen?

—1. Johannes 2, 5 + 6— *Wer aber sein Wort hält, in dem ist wahrlich die Liebe Gottes vollkommen. Daran erkennen wir, dass wir in ihm sind. Wer sagt, dass er in ihm bleibt, der soll auch leben, wie er gelebt hat.*

"Wir entscheiden auf dieselbe Weise wie Jesus, wo wir dienen":

„Ich tue nichts aus mir selbst."

> ✋ Eine Hand auf das Herz legen und Kopf schütteln für „nein"

„Ich halte Ausschau, wo Gott wirkt."

> ✋ Eine Hand oberhalb der Augen halten; suchend nach rechts und links schauen.

„Wo er wirkt, schließe ich mich ihm an."

> ✋ Auf einen Ort weiter vorne zeigen und mit dem Kopf nicken für "ja"

„Und ich weiß, er liebt mich und wird es mir zeigen."

> ✋ Hände in Anbetung erheben und dann über dem Herzen kreuzen.

Wie können wir wissen, dass Gott wirkt?

> *Johannes 6, 44– Es kann niemand zu mir kommen, es sei denn, ihn ziehe der Vater, der mich gesandt hat, und ich werde ihn auferwecken am Jüngsten Tage.*

„Wenn jemand daran interessiert ist, mehr über Jesus zu erfahren, dann wisst ihr, dass Gott wirkt. Johannes 6, 44 besagt, dass nur Gott Menschen zu sich ziehen kann. Wir stellen Fragen, säen geistliche Saat und erkennen, ob es eine Reaktion gibt. Wenn es eine Reaktion gibt, wissen wir, dass Gott wirkt."

Wo wirkt Jesus?

—Lukas 4, 18-19— »Der Geist des Herrn ist auf mir, weil er mich gesalbt hat, zu verkündigen das Evangelium den Armen; er hat mich gesandt, zu predigen den Gefangenen, dass sie frei sein sollen, und den Blinden, dass sie sehen sollen, und den Zerschlagenen, dass sie frei und ledig sein sollen, zu verkündigen das Gnadenjahr des Herrn.«

1. Bei den Armen
2. Bei den Gefangenen
3. Bei den Kranken (Blinden)
4. Bei den Unterdrückten

"Jesus diente und dient diesen Menschen. Es ist jedoch wichtig, sich daran zu erinnern, dass er nicht jedem armen oder unterdrückten Menschen diente. In unseren eigenen Bemühungen möchten wir jedem helfen. Jesus hielt danach Ausschau, wo der Vater wirkt und schloss sich ihm an. Wir müssen dasselbe tun. Wenn wir versuchen, jedem unterdrückten Menschen zu dienen, ist es ein sicheres Zeichen, dass wir versuchen, es alles aus uns selbst heraus zu tun."

Wo ist ein weiterer Ort, an dem Jesus wirkt?

"Wusstet ihr, dass Gott eure gesamte Familie liebt? Es ist sein Wille, dass sie alle errettet werden und die Ewigkeit zusammen mit ihm verbringen. Es gibt viele Beispiele in der Bibel, wo Gott ganze Familie errettet hat.":

Der von Dämonen besessene Mann – Markus 5

„Der von Dämonen besessene Mann wurde von Grund auf verändert. Er wollte mit Jesus gehen, aber Jesus bat ihn, zu seiner Familie zurückzukehren und ihnen zu erzählen, was passiert war. Viele Menschen in den umliegenden Dörfern waren erstaunt darüber, was Jesus getan hatte. Wenn Gott eine Person errettet, möchte er noch viele andere um diese Person herum erretten."

Kornelius—Apostelgeschichte 10

„Gott sagte Petrus, dass er mit Kornelius sprechen sollte. Als Petrus sprach, erfüllte der Heilige Geist Kornelius und alle, die die Nachricht hörten. Kornelius glaubte und auch alle um ihn herum glaubten."

Gefängniswärter in Philippi—Apostelgeschichte 16

„Paulus und Silas blieben im Gefängnis, obwohl sich die Gefängnistüren durch ein Erdbeben öffneten. Der Gefängniswärter war darüber erstaunt und glaubte an den Herrn Jesus. Gott errettete auch sein gesamtes Haus."

"Gebt nie auf, daran zu glauben und zu beten dass jeder in eurer Familie errettet wird und die Ewigkeit zusammen verbringen wird!"

Merkvers

—Johannes 12, 26— Wer mir dienen will, der folge mir nach; und wo ich bin, da soll mein Diener auch sein. Und wer mir dienen wird, den wird mein Vater ehren.

- Alle stehen auf und sagen den Merkvers zehnmal zusammen. Die ersten sechs Male verwenden die Teilnehmer ihre

Bibeln oder Aufzeichnungen. Die letzten vier Male sagen sie den Vers auswendig auf. Die Teilnehmer sollten jedes Mal die Bibelstelle nennen bevor sie den Vers aufsagen und sich wieder hinsetzen, wenn sie fertig sind.
- Diesem Ablauf zu folgen, wird den Trainern helfen, zu erkennen, welche Teams mit der Lektion im "Übungs"-Teil fertig sind.

ÜBUNG

- Bitten Sie die Teilnehmer, sich für diese Lektion ihrem Partner gegenüber zu setzen. Die Partner wechseln sich ab, wenn sie sich gegenseitig in dieser Lektion unterweisen.

„Die Person des Paares, *mit den meisten Geschwistern*, wird der Leiter sein."

- Das bedeutet einfach, dass sie als erstes unterrichten wird.
- Befolgen Sie den Trainingsprozess für Trainer von Seite 21.
- Betonen Sie, dass Sie möchten, dass alles im *Lern*-Teil genau so unterrichtet wird, wie Sie es getan haben.

„Stellt Fragen, lest die Bibel zusammen und beantwortet die Fragen auf dieselbe Weise wie ich es mit euch gemacht habe."

- Nach dem gegenseitigen Unterrichten der Lektion bitten Sie die Teilnehmer, Partner zu tauschen und lassen Sie diese wieder abwechselnd die Lektion unterrichten. Wenn alle fertig sind, lassen Sie die Teilnehmer überlegen, wem sie die Lektion nach dem Training weitergeben können.

„Nehmt euch einen Moment, um zu überlegen, wem ihr diese Lektion außerhalb dieses Kurses beibringen könnt.

Schreibt den Namen dieser Person oben auf die erste Seite der Lektion."

ABSCHLUSS

KARTE VON APOSTELGESCHICHTE 29 - Teil 2 ଔ

„Zeichnet auf eurer Karte von Apostelgeschichte 29 ein und beschriftet, wo Jesus wirkt. Findet mindestens fünf Orte auf eurer Karte, von denen ihr wisst, dass Jesus dort wirkt und zeichnet ein Kreuz an jeden Ort. Beschriftet wie Gott in diesem Gebiet wirkt."

8

Mitteilen

Der *Mitteilen*-Teil stellt Jesus als Soldaten vor: Soldaten kämpfen gegen Feinde, erdulden Bedrängnis und setzen die Gefangenen frei. Jesus ist ein Soldat, wenn wir ihm folgen, werden wir auch Soldaten sein.

Sobald wir uns Gott anschließen, wo er wirkt, erfahren wir geistliche Kriegsführung. Wie besiegen die Gläubigen Satan? Wir besiegen ihn durch Jesu Tod am Kreuz, indem wir unser Zeugnis mitteilen und uns nicht davor fürchten, für unseren Glauben zu sterben.

Zu einem kraftvollen Zeugnis gehört, die Geschichte meines Lebens weiterzuerzählen, bevor ich Jesus getroffen hatte, wie ich Jesus traf und den Unterschied, den ein Leben mit Jesus für mich ausmacht. Zeugnisse sind effektiver, wenn wir die Erzählzeit auf drei oder vier Minuten reduzieren, wenn wir unser Alter zum Zeitpunkt der Bekehrung weglassen (denn das Alter spielt keine Rolle) und wenn wir eine Sprache verwenden, die Ungläubige leicht verstehen können.

Die Lektion endet mit einem Wettbewerb: Wer kann am schnellsten die Namen von 40 verlorenen Menschen aufschreiben, die er oder sie kennt. Preise werden für den ersten, zweiten und dritten Platz vergeben, aber letztendlich bekommt jeder einen Preis, weil wir alle „Gewinner" sind, wenn wir wissen, wie wir Zeugnis ablegen.

LOBPREIS

- Bitten Sie jemanden, für Gottes Gegenwart und Segen zu beten.
- Singen Sie zwei Lobpreislieder zusammen.

GEBET

- Teilen Sie die Teilnehmer paarweise auf zusammen mit einem anderen Partner als vorher.
- Jeder Teilnehmer bespricht mit seinem Partner die Antworten auf die folgenden Fragen:

    1. Wie können wir für verlorene Menschen beten, die wir kennen, damit sie errettet werden?
    2. Wie können wir für die Gruppe beten, die wir unterrichten?

- Wenn ein Partner noch nicht damit begonnen hat, andere zu unterrichten, beten Sie für potenzielle Menschen in deren Einflussbereich, die sie unterrichten können.
- Die Partner beten zusammen.

LERNEN

Wiederholung

Jede Wiederholungseinheit läuft gleich ab. Bitten Sie die Teilnehmer, aufzustehen und die bisher gelernten Lektionen zu wiederholen. Stellen Sie sicher, dass sie auch die Handbewegungen ausführen.

Welches sind die acht Bilder, die uns helfen, Jesus nachzufolgen?
Soldat, Suchender, Hirte, Sämann, Sohn, Heiliger, Diener und Verwalter

Vermehrung
Welche drei Dinge tut ein Verwalter?
Welches war Gottes erstes Gebot an die Menschen?
Welches war das letzte Gebot von Jesus an die Menschen?
Wie kann ich Frucht bringen und mich Vermehrung erzeugen?
Wie heißen die zwei Gewässer in Israel?
Warum sind sie so verschieden?
Wie welcher von den beiden möchtest du sein?

Liebe
Welche drei Dinge tut ein Hirte?
Welches ist das wichtigste Gebot, das wir anderen beibringen?
Wo kommt die Liebe her?
Was ist einfacher Lobpreis?
Warum halten wir einfachen Lobpreis ab?
Wie viele Personen benötigt man für einfachen Lobpreis?

Gebet
Welche drei Dinge tut ein Heiliger?
Wie sollten wir beten?
Wie wird Gott uns antworten?
Wie lautet Gottes Telefonnummer?

Gehorsam
Welche drei Dinge tut ein Diener?
Wer hat die höchste Autorität?
Welche vier Gebote hat Jesus jedem Gläubigen gegeben?
Wie sollten wir Jesus gehorchen?
Was hat Jesus uns versprochen?

Wandeln im Geist
Welche drei Dinge tut ein Sohn?
Wo war die Quelle der Kraft im Dienst von Jesus?
Was hat Jesus den Gläubigen vor dem Kreuz über den Heiligen Geist versprochen?
Was hat Jesus den Gläubigen nach seiner Auferstehung über den Heiligen Geist versprochen?
Welche vier Gebote sollen im Bezug auf den Heiligen Geist befolgt werden?

Gehen
Welche drei Dinge tut ein Suchender?
Wie hat Jesus entschieden, wo er dient?
Wie sollten wir entscheiden, wo wir dienen?
Wie können wir wissen, dass Gott wirkt?
Wo wirkt Jesus?
Wo ist ein weiterer Ort, an dem Jesus wirkt?

Wie ist Jesus?

—Matthäus 26, 53— Oder meinst du, ich könnte meinen Vater nicht bitten, dass er mir sogleich mehr als zwölf Legionen Engel schickte?

„Jesus ist ein Soldat. Er könnte 12 Armeen von Engeln rufen zu seiner Verteidigung, weil er der Oberbefehlshaber in Gottes Armee ist. Er verwickelte Satan in geistliche Kriegsführung und besiegte ihn letztendlich am Kreuz."

Soldat
 Ein Schwert ziehen

Welche drei Dinge tut ein Soldat?

—Markus 1, 12-15— Und alsbald trieb ihn der Geist in die Wüste; und er war in der Wüste vierzig Tage und wurde versucht von dem Satan und war bei den wilden Tieren, und die Engel dienten ihm. Nachdem aber Johannes gefangen gesetzt war, kam Jesus nach Galiläa und predigte das Evangelium Gottes und sprach: Die Zeit ist erfüllt und das Reich Gottes ist herbeigekommen. Tut Buße und glaubt an das Evangelium!

1. Soldaten bekämpfen Feinde.

   „Jesus bekämpfte den Feind und gewann."

2. Soldaten ertragen Bedrängnis.

   „Jesus erlitt viele Dinge, während er auf Erden lebte."

3. Soldaten setzen die Gefangenen frei.

   „Jesu Königreich kam, um Menschen frei zu machen."

"Jesus ist ein Soldat. Er befiehlt über Gottes Armee und verwickelt Satan in einen geistlichen Krieg. Jesus hat für uns den Sieg am Kreuz geholt. Wenn Jesus in uns lebt, werden wir auch siegreiche Soldaten sein. Wir werden geistliche Kämpfe ausfechten, Bedrängnis ertragen und helfen, Gefangene freizusetzen."

Wie besiegen wir den Satan?

—Offenbarung 12, 11 Und sie haben ihn überwunden durch des Lammes Blut und durch das Wort ihres Zeugnisses und haben ihr Leben nicht geliebt bis hin zum Tod.

DURCH DAS BLUT DES LAMMES

„Wir überwinden Satan durch das Blut Jesu, welches am Kreuz vergossen wurde. Wir sind mehr als Überwinder durch ihn und das, was er getan hat."

> **Blut des Lammes**
> Auf beide Handflächen mit dem Mittelfinger zeigen – Zeichensprache für Kreuzigung

„Wenn ihr geistlichen Kampf erlebt, denkt daran, dass Jesus Satan am Kreuz besiegt hat! Satan zittert, wimmert und schreit, jedes Mal wenn er Jesus sieht. Er bettelt Jesus an, ihn in Ruhe zu lassen."

„Die gute Nachricht ist, dass Jesus in uns lebt. Deshalb beginnt Satan zu zittern und zu wimmern, immer wenn er Jesus in uns sieht. Er schreit wie ein Säugling! Satan ist ein besiegter Gegner aufgrund dessen, was Jesus am Kreuz getan hat! Vergesst niemals: egal wie schwierig die Dinge sind, wir werden gewinnen! Wir werden gewinnen! Wir werden gewinnen!"

UNSER ZEUGNIS

„Wir überwinden Satan durch die mächtige Waffe unseres Zeugnisses. Niemand kann unser Zeugnis abstreiten, was Jesus in unserem Leben getan hat. Wir können diese Waffe immer und überall einsetzen."

Zeugnis
 Die Hände als Trichter um den Mund formen, als ob man zu jemandem spricht

KEINE ANGST ZU STERBEN

„Unsere Ewigkeit bei Gott ist sicher. Bei ihm zu sein ist besser; hier zu sein ist notwendig, um das Evangelium zu verbreiten. Wir können nicht verlieren!"

Keine Angst zu sterben
 Handgelenke zusammenhalten, als ob sie in Ketten lägen

Wie sieht der Aufbau eines effektiven Zeugnisses aus?

MEIN LEBEN BEVOR ICH JESUS TRAF

Vorher
 Nach vorne links zeigen

"Beschreibt, wie euer Leben war, bevor ihr gläubig wurdet. Wenn ihr in einem christlichen Zuhause aufgewachsen seid, ist es für Ungläubige interessant zu hören, wie ein christliches Zuhause ist."

WIE ICH JESUS TRAF

Wie
✋ In die Mitte nach vorne zeigen

"Beschreibt, wie ihr zum Glauben an Jesus gekommen seid und ihm zu folgen."

MEIN LEBEN SEITDEM ICH JESUS BEGEGNET BIN

✋ Nach rechts und die Hände hoch und tief bewegen

„Beschreibt wie es war, Jesus seit eurer Bekehrung zu folgen und was eure Beziehung zu ihm euch bedeutet."

EINE EINFACHE FRAGE STELLEN

„Fragt die Person am Ende eures Zeugnisses: "Möchtest Du mehr darüber erfahren, Jesus nachzufolgen?" Das ist die Frage, "ob Gott wirkt".

✋ An die Schläfe deuten – als ob man über eine Frage nachdenkt

„Wenn die Antwort "ja" lautet, wisst ihr, dass Gott wirkt in dieser Situation. Gott ist der einzige, der die Menschen zu sich zieht. An diesem Punkt teilt noch mehr darüber mit, wie man Jesus nachfolgt."

„Wenn die Antwort "nein" lautet, wirkt Gott, aber der andere ist noch nicht bereit, auf ihn zu reagieren. Fragt, ob ihr ein Segensgebet für diese Person sprechen dürft, macht es und geht weiter euren Weg."

Welche wichtigen Richtlinien sollte man befolgen?

Begrenzt euer erstes Zeugnis auf drei bis vier Minuten

„Es gibt viele verlorene Menschen auf dieser Welt; euer erstes Zeugnis zu begrenzen, hilft euch zu erkennen, wer darauf reagiert und wer nicht. Lasst euch vor allem vom Heiligen Geist führen. Menschen, die noch jung im Glauben sind, fühlen sich wohler bei dem Gedanken, nur drei oder vier *Minuten* lang etwas mitzuteilen anstatt drei oder vier *Stunden!*"

Verratet nicht, wie alt ihr wart, als ihr euch bekehrt habt

„Euer Alter zum Zeitpunkt eurer Bekehrung spielt keine Rolle, aber es kann einem Ungläubigen die falsche Botschaft vermitteln, wenn ihr euer Zeugnis weitergebt. Wenn sie jünger sind als ihr zum Zeitpunkt eurer Bekehrung, könnten Sie meinen, noch eine Weile warten zu können. Wenn sie älter sind als ihr zum Zeitpunkt eurer Bekehrung, könnten sie meinen, ihre Chance verpasst zu haben. Die Bibel sagt *heute* ist der Tag der Errettung. Euer Alter zum Zeitpunkt eurer Bekehrung mitzuteilen stört normalerweise die Situation nur."

VERWENDET KEINE CHRISTLICHE SPRACHE

„Nachdem die Menschen gläubig geworden sind, fangen sie sogar schon nach kürzester Zeit an, Sprache aufzugreifen, die andere Christen verwenden. Sätze wie "gereinigt durch das Blut des Lammes" oder "vor den Altar treten" oder "Ich habe mit dem Prediger gesprochen" klingen wie eine Fremdsprache für Ungläubige. Wir verwenden so wenig christliche Sprache wie möglich, so dass diejenigen, denen wir unser Zeugnis weitergeben, das Evangelium so klar wie möglich verstehen können."

Merkvers

—1. Korinther 15, 3 + 4— Denn als Erstes habe ich euch weitergegeben, was ich auch empfangen habe: Dass Christus gestorben ist für unsre Sünden nach der Schrift; und dass er begraben worden ist; und dass er auferstanden ist am dritten Tage nach der Schrift;

- Alle stehen auf und sagen den Merkvers zehnmal zusammen. Die ersten sechs Male verwenden die Teilnehmer ihre Bibeln oder Aufzeichnungen. Die letzten vier Male sagen sie den Vers auswendig auf. Die Teilnehmer sollten jedes Mal die Bibelstelle nennen bevor sie den Vers aufsagen und sich wieder hinsetzen, wenn sie fertig sind.
- Diesem Ablauf zu folgen, wird den Trainern helfen, zu erkennen, welche Teams mit der Lektion im "Übungs"-Teil fertig sind.

ÜBUNG

- Erklären Sie den Teilnehmern, dass sie ihr Zeugnis in ihren Notizbüchern aufschreiben und dabei den Aufbau verwenden sollen, den Sie ihnen gezeigt haben. Sagen Sie ihnen, dass sie 10 Minuten dafür haben und dann werden Sie jemanden aus der Gruppe aufrufen, sein Zeugnis mitzuteilen.
- Nach 10 Minuten bitten Sie die Teilnehmer, ihre Stifte hinzulegen. Sagen Sie ihnen, dass Sie jemanden aufrufen werden, sein Zeugnis der Gruppe mitzuteilen. Warten Sie ein paar Sekunden. Dann erklären Sie, dass Sie Ihr Zeugnis der Gruppe weitergeben werden. Es wird einen großen Seufzer der Erleichterung geben!
- Teilen Sie Ihr Zeugnis mit, indem Sie den oben genannten Aufbau und Richtlinien Schritt für Schritt beachten, und fragen Sie die Teilnehmer, ob Sie Ihr Zeugnis korrekt widergegeben haben.
- Während des "Übungs"-Teils dieser Lektion werden Sie eine Uhr verwenden, um die Zeit der Teilnehmer im Auge zu behalten. Teilen Sie die Teilnehmer paarweise auf und geben Sie ihnen jeweils drei Minuten, um sich gegenseitig ihr Zeugnis zu erzählen.

„Die *lauteste* Person wird der Leiter sein, die Person, die anfängt."

- Stoppen Sie die Zeit der ersten Person des Paares und sagen Sie "Stop" nach drei Minuten. Fragen Sie die Teilnehmer, ob ihr Partner dem Aufbau gefolgt ist und die vier Richtlinien beachtet hat für ein kraftvolles Zeugnis. Bitten Sie dann die zweite Person des Paares, drei Minuten lang Zeugnis zu geben. Bitten Sie die Teilnehmer wieder um ihr Feedback.

- Wenn beide Partner ihr Zeugnis weitergegeben haben, führen Sie die Teilnehmer wieder zu einem neuen Partner, bestimmen Sie, wer die lauteste Stimme hat und lassen Sie sie weiter üben, ihr Zeugnis weiterzugeben. Versuchen Sie, die Gruppe mindestens viermal paarweise aufzuteilen.
- Nachdem sie sich gegenseitig die Lektion beigebracht haben, bitten Sie die Teilnehmer, sich jemanden zu überlegen, dem Sie diese Lektion nach dem Kurs beibringen werden. Lassen Sie sie den Namen der Person oben auf die erste Seite der Lektion schreiben.

Salz und Zucker ☙

Verwenden Sie diese Illustration während einer der Feedback-Phasen, um zu betonen, wie wichtig es ist, aus tiefstem Herzen etwas mitzuteilen.

„Frische, reife Früchte schmecken immer so gut! Sie sind süß und erfreuen euren Gaumen! Wenn ich an Ananas denke, gelb und süß, läuft mir das Wasser im Mund zusammen."

„Ich weiß, wie ihr erreichen könnt, dass die Früchte noch besser schmecken! Fügt ein bisschen Zucker, Salz oder Chili dazu. Mmmmmmh! Dann ist es richtig köstlich! Ich kann es richtig schmecken!"

„Auf dieselbe Weise ist Gottes Wort immer gut, wenn ihr eine Lektion unterrichtet oder das Evangelium weitergebt, so wie die Früchte. Wir sollten schmecken und sehen, dass der Herr gut ist. Wenn ihr aber aus tiefstem Herzen etwas mit Emotionen mitteilt, ist es, als ob ihr Zucker, Salz oder Chili zu den Früchten hinzufügt. Das macht es besonders köstlich!"

„Wenn ihr dies also das nächste Mal eurem Partner mitteilt, möchte ich, dass ihr jede Menge Salz, Zucker oder Pfeffer zu dem hinzufügt, was ihr sagt."

Abschluss

Wer kann am schnellsten vierzig verlorene Menschen auflisten? ᛜ

- Bitten Sie jeden, sein Notizbuch zu nehmen und von eins bis 40 durchzunummerieren.

  „Wir werden einen kleinen Wettbewerb veranstalten. Es gibt Preise für den ersten, zweiten und dritten Platz."

- Erklären Sie allen, dass wenn Sie "Los!" sagen, alle die Namen von 40 Ungläubigen aufschreiben werden, die sie kennen. Wenn sie sich nicht an deren Namen erinnern können, können sie etwas aufschreiben wie z. B. „der Friseur" oder „der Postbote". Stellen Sie sicher, dass niemand anfängt, bevor Sie "Los!" sagen.
- Einige werden in Versuchung geraten, anzufangen, während Sie das Spiel erklären. Es hilft, wenn Sie die Teilnehmer ihre Stifte in die Höhe halten lassen, während Sie die Anweisungen geben.
- Starten Sie den Wettbewerb und lassen Sie die Teilnehmer aufstehen, wenn sie mit ihrer Liste fertig sind. Geben Sie Preise für den ersten, zweiten und dritten Platz.

  "Es gibt zwei Gründe, die Gläubige angeben, warum sie ihren Glauben nicht mitteilen können: sie wissen nicht wie, und sie wissen nicht, wem sie das Evangelium erzählen sollen. In dieser Lektion haben wir beide Probleme gelöst.

Ihr wisst jetzt, wie ihr das Evangelium mitteilen könnt und ihr habt eine Liste von Leuten, denen ihr es mitteilen könnt."

- Bitten Sie die Teilnehmer, einen Stern neben fünf Personen auf ihrer Liste zu setzen, denen sie ihr Zeugnis weitergeben werden. Ermutigen Sie sie, das während der nächsten Tage zu tun.

„Schaut auf eure Hand. Eure fünf Finger können euch an fünf verlorene Menschen erinnern, für die ihr jeden Tag beten könnt. Wenn ihr den Abwasch macht, schreibt oder auf dem PC tippt, lasst euch von den fünf Fingern eurer Hand daran erinnern, zu beten."

- Bitten Sie die Teilnehmer, als Gruppe laut zu beten für die verlorenen Menschen auf ihrer Liste.
- Nach der Gebetszeit geben Sie jedem Süßigkeiten als Preis und sagen Sie: "Wir sind jetzt alle Gewinner, weil wir wissen, wie wir das Evangelium mitteilen können und wem wir es in unserem Leben weitergeben können."

9

Säen

Der *Säen*-Teil stellt Jesus als den Sämann vor: Sämänner pflanzen Saaten, bestellen ihre Felder und freuen sich über eine große Ernte. Jesus ist ein Sämann und er lebt in uns; wenn wir ihm folgen, werden wir auch Säleute. Wenn wir wenig aussäen, werden wir wenig ernten. Wenn wir viel aussäen, werden wir viel ernten.

Was sollten wir in das Leben von Menschen säen? Nur das einfache Evangelium kann sie verändern und zurück in Gottes Familie bringen. Sobald wir merken, dass Gott im Leben eines Menschen wirkt, teilen wir das einfache Evangelium mit. Wir wissen, dass es Gottes Macht ist, die ihn oder sie errettet.

LOBPREIS

- Bitten Sie jemanden für Gottes Gegenwart und Segen zu beten.
- Singen Sie zwei Lobpreislieder zusammen.

GEBET

- Teilen Sie die Teilnehmer paarweise auf zusammen mit einem anderen Partner als vorher.
- Jeder Teilnehmer bespricht mit seinem Partner die Antworten auf die folgenden Fragen:

    1. Wie können wir für verlorene Menschen beten, die wir kennen, damit sie errettet werden?
    2. Wie können wir für die Gruppe beten, die wir unterrichten?

- Wenn ein Partner noch nicht damit begonnen hat, andere zu unterrichten, beten Sie für potenzielle Menschen in deren Einflussbereich, die sie unterrichten können.
- Die Partner beten zusammen.

LERNEN

Wiederholung

Jede Wiederholungseinheit läuft gleich ab. Bitten Sie die Teilnehmer, aufzustehen und die bisher gelernten Lektionen zu wiederholen. Stellen Sie sicher, dass sie auch die Handbewegungen ausführen.

Welches sind die acht Bilder, die uns helfen, Jesus nachzufolgen?
Soldat, Suchender, Hirte, Sämann, Sohn, Heiliger, Diener und Verwalter

Vermehrung
Welche drei Dinge tut ein Verwalter?
Welches war Gottes erstes Gebot an die Menschen?
Welches war das letzte Gebot von Jesus an die Menschen?

Wie kann ich Frucht bringen und mich Vermehrung erzeugen?
Wie heißen die zwei Gewässer in Israel?
Warum sind sie so verschieden?
Wie welcher von den beiden möchtest du sein?

Liebe
Welche drei Dinge tut ein Hirte?
Welches ist das wichtigste Gebot, das wir anderen beibringen?
Wo kommt die Liebe her?
Was ist einfacher Lobpreis?
Warum halten wir einfachen Lobpreis ab?
Wie viele Personen benötigt man für einfachen Lobpreis?

Gebet
Welche drei Dinge tut ein Heiliger?
Wie sollten wir beten?
Wie wird Gott uns antworten?
Wie lautet Gottes Telefonnummer?

Gehorsam
Welche drei Dinge tut ein Diener?
Wer hat die höchste Autorität?
Welche vier Gebote hat Jesus jedem Gläubigen gegeben?
Wie sollten wir Jesus gehorchen?
Was hat Jesus uns versprochen?
Wandeln im Geist
Welche drei Dinge tut ein Sohn?
Wo war die Quelle der Kraft im Dienst von Jesus?
Was hat Jesus den Gläubigen vor dem Kreuz über den Heiligen Geist versprochen?
Was hat Jesus den Gläubigen nach seiner Auferstehung über den Heiligen Geist versprochen?
Welche vier Gebote sollen im Bezug auf den Heiligen Geist befolgt werden?

Gehen
Welche drei Dinge tut ein Suchender?
Wie hat Jesus entschieden, wo er dient?
Wie sollten wir entscheiden, wo wir dienen?
Wie können wir wissen, dass Gott wirkt?
Wo wirkt Jesus?
Wo ist ein weiterer Ort, an dem Jesus wirkt?

Mitteilen
Was sind drei Dinge, die ein Soldat tut?
Wie besiegen wir den Satan?
Wie sieht der Aufbau eines kraftvollen Zeugnisses aus?
Welche wichtigen Richtlinien sollte man befolgen?

Wie ist Jesus?

—Matthäus 13, 36 + 37— Da ließ Jesus das Volk gehen und kam heim. Und seine Jünger traten zu ihm und sprachen: Deute uns das Gleichnis vom Unkraut auf dem Acker. Er antwortete und sprach zu ihnen: Der Menschensohn ist's, der den guten Samen sät.

„Jesus ist ein Sämann und Herr der Ernte."

Sämann
 Mit der Hand Samen ausstreuen

Welche drei Dinge tut ein Sämann?

—Markus 4, 26-29— Und er sprach: Mit dem Reich Gottes ist es so, wie wenn ein Mensch Samen aufs Land wirft und schläft und aufsteht, Nacht und Tag; und der Same geht auf

und wächst - er weiß nicht wie. Denn von selbst bringt die Erde Frucht, zuerst den Halm, danach die Ähre, danach den vollen Weizen in der Ähre. Wenn sie aber die Frucht gebracht hat, so schickt er alsbald die Sichel hin; denn die Ernte ist da.

1. Säleute pflanzen gute Saat.
2. Säleute bestellen ihre Felder.
3. Säleute erwarten eine Ernte.

„Jesus ist ein Sämann und lebt in uns. Er pflanzt gute Saat in unsere Herzen, während Satan eine schlechte Saat pflanzen möchte. Die Saat, die Jesus pflanzt, führt zum ewigen Leben. Wenn wir ihm folgen, werden wir auch Säleute sein. Wir werden die gute Saat des Evangeliums pflanzen. Wir werden das Feld bestellen, zu dem Gott uns geschickt hat und wir werden eine große Ernte erwarten."

Was ist das einfache Evangelium?

—Lukas 24, 1-7— Aber am ersten Tag der Woche sehr früh kamen sie zum Grab und trugen bei sich die wohlriechenden Öle, die sie bereitet hatten. Sie fanden aber den Stein weggewälzt von dem Grab und gingen hinein und fanden den Leib des Herrn Jesus nicht. Und als sie darüber bekümmert waren, siehe, da traten zu ihnen zwei Männer mit glänzenden Kleidern. Sie aber erschraken und neigten ihr Angesicht zur Erde. Da sprachen die zu ihnen: Was sucht ihr den Lebenden bei den Toten? Er ist nicht hier, er ist auferstanden. Gedenkt daran, wie er euch gesagt hat, als er noch in Galiläa war: Der Menschensohn muss überantwortet werden in die Hände der Sünder und gekreuzigt werden und am dritten Tage auferstehen.

ZUERST...

„Gott schuf eine perfekte Welt."

✋ Einen großen Kreis mit den Händen beschreiben

„Er machte den Menschen zu einem Teil seiner Familie."

✋ Beide Hände fest umklammern

ALS ZWEITES...

„Der Mensch war ungehorsam gegenüber Gott und brachte Sünde und Leid in die Welt."

✋ Fäuste erheben und so tun, als ob man kämpft

„Also musste der Mensch Gottes Familie verlassen."

✋ Beide Hände fest umklammern und dann auseinanderziehen

ALS DRITTES...

„Gott sandte seinen Sohn Jesus auf die Erde. Er führte ein perfektes Leben."

✋ Hände über den Kopf erheben und nach unten bewegen

„Jesus starb am Kreuz für unsere Sünden."

✋ Den Mittelfinger jeder Hand in die Handfläche der anderen Hand legen.

„Er wurde begraben."

✋ Den rechten Ellbogen mit der linken Hand halten und den rechten Arm zurück bewegen, als ob er begraben würde.

„Gott hat ihn zum Leben auferweckt am dritten Tag."

✋ Den Arm mit drei Fingern wieder nach oben bringen

„Gott sah Jesu Opfer für unsere Sünden und nahm es an."

✋ Hände nach unten führen mit den Handflächen nach außen. Dann die Arme erheben und über dem Herzen kreuzen.

ALS VIERTES…

„Alle, die glauben, dass Jesus Gottes Sohn ist und den Preis für ihre Sünden bezahlt hat…"

✋ Hände erheben zu dem, an den wir glauben

"…bereuen ihre Sünden…"

✋ Handflächen nach außen schirmen das Gesicht ab; Kopf abgewandt

„…und bitten darum, errettet zu werden…"

✋ Hände zu Schalen formen

„…und werden in Gottes Familie wieder willkommen geheißen."

✋ Hände fest umklammern

„Seid ihr bereit zurück in Gottes Familie zu kommen" Lasst uns zusammen beten. Sagt Gott, ihr glaubt, dass er eine perfekte Welt geschaffen hat und seinen Sohn gesandt hat, um für unsere Sünden zu sterben. Bereut eure Sünden und bittet ihn, euch wieder in seiner Familie aufzunehmen."

- *Wichtig!* Verwenden Sie diese Zeit, um sicherzugehen, dass alle Teilnehmer, die Sie unterrichten, auch wirklich gläubig sind. Geben Sie ihnen Gelegenheit, auf die Frage zu antworten: „Bist du bereit zurück in Gottes Familie zu kommen?"
- Wiederholen Sie die Präsentation des einfachen Evangeliums einige Male mit den Teilnehmern bis die die Reihenfolge bewältigen. Unserer Erfahrung nach wissen die meisten Gläubigen nicht, wie sie ihren Glauben mitteilen sollen, nehmen Sie sich also Zeit und gehen Sie sicher, dass sich jeder über die Bedeutung des einfachen Evangeliums im Klaren ist.
- Helfen Sie den Teilnehmern, die Reihenfolge und die Handbewegungen beim „Aufbauen" der Lektion zu bewältigen. Fangen Sie mit dem ersten Punkt an und wiederholen Sie ihn einige Male. Dann machen Sie mit dem zweiten Punkt weiter und wiederholen ihn einige Male. Dann wiederholen Sie den ersten Punkt und den zweiten Punkt zusammen einige Male. Danach machen Sie mit dem dritten Punkt weiter und wiederholen ihn einige Male. Dann wiederholen Sie Punkt eins, zwei und drei zusammen. Schließlich bringen Sie den Teilnehmern Punkt vier bei und wiederholen ihn einige Male. Die Teilnehmer sollten dann in der Lage sein, die gesamte Reihenfolge einige Male mit den Handbewegungen zu wiederholen, um ihre Routine zu demonstrieren.

Merkvers

–Lukas 8, 15– Das aber auf dem guten Land sind die, die das Wort hören und behalten in einem feinen, guten Herzen und bringen Frucht in Geduld.

- Alle stehen auf und sagen den Merkvers zehnmal zusammen. Die ersten sechs Male verwenden die Teilnehmer ihre Bibeln oder Aufzeichnungen. Die letzten vier Male sagen sie den Vers auswendig auf. Die Teilnehmer sollten jedes Mal die Bibelstelle nennen bevor sie den Vers aufsagen und sich wieder hinsetzen, wenn sie fertig sind.
- Diesem Ablauf zu folgen, wird den Trainern helfen, zu erkennen, welche Teams mit der Lektion im "Übungs"-Teil fertig sind.

ÜBUNG

- BITTE LESEN SIE! Die Übungseinheit der Säen-Lektion unterscheidet sich von den anderen Übungsteilen.
- Bitten Sie die Teilnehmer, sich gegenüber von ihrem Partner aufzustellen. Beide Teilnehmer sollten das einfache Evangelium zusammen wiederholen, während sie die Handbewegungen ausführen.
- Wenn die ersten Paare fertig sind, sollte sich jeder einen neuen Partner suchen, sich gegenüber voneinander aufstellen und das einfache Evangelium zusammen mit den Handbewegungen sagen.
- Wenn die zweiten Paare fertig sind, sollten die Teilneher weiterhin neue Partner finden bis sie das einfache Evangelium zusammen mit den Handbewegungen mit acht Partnern durchgegangen sind.
- Wenn die Teilnehmer mit ihrem achten Partner fertig sind, bitten Sie alle, das einfache Evangelium zusammen mit den

Handbewegungen als Gruppe durchzugehen. Sie werden erstaunt sein um wie viel besser sie das jetzt können nachdem sie es so oft geübt haben!

DENKT DARAN, DIE EVANGELIUMS-SAAT ZU PFLANZEN!

„Denkt daran, pflanzt die Evangeliums-Saat! Wenn ihr die Saat nicht sät, wird es keine Ernte geben. Wenn ihr nur ein paar Samen pflanzt, werdet ihr eine kleine Ernte haben. Wenn ihr viele Samen pflanzt, wird Gott euch mit einer großen Ernte segnen. Welche Art von Ernte möchtet ihr?"

„Wenn ihr jemanden fragt, ob er mehr darüber erfahren möchte, Jesus nachzufolgen, und die Antwort lautet "ja", dann ist es an der Zeit, die Evangeliums-Saat zu pflanzen. Gott wirkt im Leben dieser Person!"

„Sät die Evangeliums-Saat! Kein säen = keine Ernte. Jesus ist ein Sämann und er hält Ausschau nach einer großen Ernte."

„Denkt ein paar Minuten nach, wem ihr diese Lektion außerhalb dieses Kurses beibringen könnt. Schreibt den Namen dieser Person oben auf die erste Seite dieser Lektion."

ABSCHLUSS

Wo liegt Apostelgeschichte 29, 21? ◌

„Schlagt in eurer Bibel Apostelgeschichte 29, 21 auf."

- Die Teilnehmer werden sagen, dass es in der Apostelgeschichte nur 28 Kapitel gibt.

  „Meine Bibel beinhaltet Apostelgeschichte 29."

- Lassen Sie einige Teilnehmer nach vorne kommen, zeigen Sie auf das Ende von Kapitel 28 in ihren Bibeln und sagen Sie, dass auch sie über Apostelgeschichte 29 verfügen.

  "Jetzt ist "Apostelgeschichte 29". Gott schreibt das auf, was der Heilige Geist durch uns tut und eines Tages werden wir in der Lage sein, es zu lesen. Was möchtet ihr, was da stehen soll? Wie sieht eure Vision aus? Die Karte, an der wir gearbeitet haben, ist unsere Karte von „Apostelgeschichte 29" und Vision für das, was Gott in unserem Leben vorhat. Ich möchte meine Vision von Apostelgeschichte 29 mit euch teilen."

- Teilen Sie Ihre Vision von "Apostelgeschichte 29" der Gruppe mit. Stellen Sie sicher, dass Sie zwei Arten von Menschen beinhaltet: Ungläubige und Gläubige. Gott möchte, dass wir das Evangelium Ungläubigen mitteilen und Gläubige unterrichten, wie sie Christus nachfolgen und ihren Glauben mitteilen.

  "Unsere Karte von Apostelgeschichte 29 zeigt das Kreuz, das zu tragen Jesus uns berufen hat. Jetzt gehen wir in eine stille Zeit, in der wir unsere Karten vorstellen, füreinander beten und unser Leben der Nachfolge Jesu widmen."

KARTE VON APOSTELGESCHICHTE 29 - Teil 3 ଔ

- Bitten Sie die Teilnehmer, mindestens drei mögliche Orte für neue Jüngerschafts-Gruppen auf ihren Karten

einzukreisen. Sie sollten den möglichen Gruppenleiter und die mögliche Gastfamilie neben den Kreis schreiben.
- Wenn sie bereits eine Gruppe gestartet haben, feiern sie das und lassen sie es auf der Karte eintragen. Wenn sie noch keine Gruppe gestartet haben, helfen Sie ihnen zu erkennen, wo Gott wirkt.
- Das ist der letzte Durchgang, in dem die Teilnehmer ihre Karten bearbeiten bevor sie diese präsentieren. Gewähren Sie extra Zeit, falls nötig.

10

Kreuz auf sich nehmen

Der *Kreuz auf sich nehmen*-Teil ist die Abschluss-Lektion des Kurses. Jesus hat uns geboten, jeden Tag unser Kreuz auf uns zu nehmen und ihm zu folgen. Die Karte von Apostelgeschichte 29 ist ein Bild des Kreuzes, welches zu tragen Jesus jeden Teilnehmer aufgefordert hat.

In dieser letzten Lektion stellen die Teilnehmer ihre Karte von Apostelgeschichte 29 der Gruppe vor. Nach jeder Präsentation legt dir Gruppe ihre Hände auf die vorstellende Person und die Karte von Apostelgeschichte 29, betet für Gottes Segen und Salbung auf dem Dienst. Die Gruppe spornt den Präsentierenden an indem sie dreimal das Gebot wiederholt "Nimm dein Kreuz auf und folge Jesus". Die Teilnehmer präsentieren ihre Karte von Apostelgeschichte 29 der Reihe nach bis alle fertig sind. Die Kurszeit endet mit einem Lobpreislied der Hingabe, Jünger zu gewinnen und einem abschließenden Gebet durch einen anerkannten geistlichen Leiter.

LOBPREIS

- Bitten Sie jemanden, für Gottes Gegenwart und Segen zu beten.
- Singen Sie zwei Lobpreislieder zusammen.

GEBET

- Bitten Sie einen anerkannten geistlichen Leiter in der Gruppe für Gottes Segen auf dieser besonderen Zeit der Hingabe zu beten.

WIEDERHOLUNG

Jede Wiederholungseinheit läuft gleich ab. Bitten Sie die Teilnehmer, aufzustehen und die bisher gelernten Lektionen zu wiederholen. Stellen Sie sicher, dass sie auch die Handbewegungen ausführen.

> **Welches sind die acht Bilder, die uns helfen, Jesus nachzufolgen?**
> *Soldat, Suchender, Hirte, Sämann, Sohn, Heiliger, Diener und Verwalter*
>
> **Vermehrung**
> *Welche drei Dinge tut ein Verwalter?*
> *Welches war Gottes erstes Gebot an die Menschen?*
> *Welches war das letzte Gebot von Jesus an die Menschen?*
> *Wie kann ich Frucht bringen und mich Vermehrung erzeugen?*
> *Wie heißen die zwei Gewässer in Israel?*
> *Warum sind sie so verschieden?*
> *Wie welcher von den beiden möchtest du sein?*

Liebe
Welche drei Dinge tut ein Hirte?
Welches ist das wichtigste Gebot, das wir anderen beibringen?
Wo kommt die Liebe her?
Was ist einfacher Lobpreis?
Warum halten wir einfachen Lobpreis ab?
Wie viele Personen benötigt man für einfachen Lobpreis?

Gebet
Welche drei Dinge tut ein Heiliger?
Wie sollten wir beten?
Wie wird Gott uns antworten?
Wie lautet Gottes Telefonnummer?

Gehorsam
Welche drei Dinge tut ein Diener?
Wer hat die höchste Autorität?
Welche vier Gebote hat Jesus jedem Gläubigen gegeben?
Wie sollten wir Jesus gehorchen?
Was hat Jesus uns versprochen?
Wandeln im Geist
Welche drei Dinge tut ein Sohn?
Wo war die Quelle der Kraft im Dienst von Jesus?
Was hat Jesus den Gläubigen vor dem Kreuz über den Heiligen Geist versprochen?
Was hat Jesus den Gläubigen nach seiner Auferstehung über den Heiligen Geist versprochen?
Welche vier Gebote sollen im Bezug auf den Heiligen Geist befolgt werden?

Gehen
Welche drei Dinge tut ein Suchender?
Wie hat Jesus entschieden, wo er dient?
Wie sollten wir entscheiden, wo wir dienen?
Wie können wir wissen, dass Gott wirkt?

Wo wirkt Jesus?
Wo ist ein weiterer Ort, an dem Jesus wirkt?

Mitteilen

Was sind drei Dinge, die ein Soldat tut?
Wie besiegen wir den Satan?
Wie sieht der Aufbau eines kraftvollen Zeugnisses aus? Welche wichtigen Richtlinien sollte man befolgen?

Säen

Welche drei Dinge tut ein Sämann?
Wie sieht das einfache Evangelium aus, das wir mitteilen?

LERNEN

Was gebietet Jesus seinen Nachfolgern täglich zu tun?

—Lukas 9, 23— Da sprach er zu ihnen allen: Wer mir folgen will, der verleugne sich selbst und nehme sein Kreuz auf sich täglich und folge mir nach.

„Verleugnet euch selbst, nehmt euer Kreuz auf euch und folgt Jesus."

Welche vier Stimmen fordern uns auf, unser Kreuz auf uns zu nehmen?

DIE STIMME VON OBEN

—Markus 16, 15— Und er sprach zu ihnen: Gehet hin in alle Welt und predigt das Evangelium aller Kreatur.

„Jesus sagt uns vom Himmel aus, das Evangelium mitzuteilen. Er ist die höchste Autorität, und wir sollten ihm immer gehorchen und aus einem liebevollen Herzen."

"Das ist die Stimme von oben."

> Von oben
> ✋ Mit dem Finger nach oben zum Himmel zeigen

DIE STIMME VON UNTEN

—Lukas 16, 27-28— Da sprach er: So bitte ich dich, Vater, dass du ihn sendest in meines Vaters Haus; denn ich habe noch fünf Brüder, die soll er warnen, damit sie nicht auch kommen an diesen Ort der Qual.

„Jesus erzählte eine Geschichte von einem reichen Mann, der in die Hölle kam. In der Geschichte wollte der reiche Mann, dass ein armer Mann, Lazarus, den Himmel verlässt und zur Erde geht, um seine fünf Brüder über die Realität der Hölle zu warnen. Abraham sagte, dass sie genug Warnungen gehabt hätten. Lazarus konnte nicht zurück zur Erde. Menschen, die gestorben und in der Hölle sind, sagen uns, das Evangelium mitzuteilen."

„Das ist die Stimme von unten."

> Von unten
> ✋ Mit dem Finger auf den Boden zeigen

DIE STIMME VON INNEN

—1. Korinther 9, 16— Denn dass ich das Evangelium predige, dessen darf ich mich nicht rühmen; denn ich muss es tun. Und wehe mir, wenn ich das Evangelium nicht predigte!

„Der Heilige Geist in Paulus trieb ihn voran, das Evangelium mitzuteilen. Derselbe Heilige Geist sagt uns, unser Kreuz auf uns zu nehmen und das Evangelium mitzuteilen."

„Das ist die Stimme von innen."

> Von innen
> Mit dem Finger auf das Herz zeigen

DIE STIMME VON AUSSEN

—Apostelgeschichte 16, 9— Und Paulus sah eine Erscheinung bei Nacht: Ein Mann aus Mazedonien stand da und bat ihn: Komm herüber nach Mazedonien und hilf uns!

"Paulus hatte geplant, nach Asien weiterzuziehen, aber der Heilige Geist ließ ihn damals nicht. Er hatte eine Vision, dass ein Mann aus Mazedonien ihn anflehte, zu kommen und die gute Nachricht zu predigen. Unerreichte Völker und Gruppen rund um den Globus rufen uns, unser Kreuz auf uns zu nehmen und das Evangelium mitzuteilen."

„Das ist die Stimme von außen."

> Von außen
> Die Hände zur Gruppe ausstrecken und eine "Komm her" Bewegung ausführen

- Wiederholen Sie die vier Stimmen mit Handbewegungen mehrere Male mit den Teilnehmern und fragen Sie sie, welche Stimme es ist, wo sie herkommt und was sie sagt.

Präsentationen

KARTEN VON APOSTELGESCHICHTE 29 ↄ

- Teilen Sie die Teilnehmer in Gruppen von ca. acht Leuten ein. Bitten Sie einen anerkannten geistlichen Leiter unter den Teilnehmern im FJT die jeweilige Gruppe zu leiten.
- Erklären Sie den folgenden zeitlichen Prozess im Dienst den Teilnehmern.
- Die Teilnehmer legen ihre Karten von Apostelgeschichte 29 in die Mitte des Kreises und stellen sie abwechselnd ihrer Gruppe vor. Danach legt die Gruppe die Hände auf die Karte von Apostelgeschichte 29 und/oder den Teilnehmer und betet für Gottes Kraft und Segen darauf.
- Jeder sollte gleichzeitig laut für den Teilnehmer beten. Der anerkannte Leiter der Gruppe schließt die Gebetszeit ab so wie ihn der Geist leitet.
- An diesem Punkt rollt der Teilnehmer die Karte auf und legt sie sich auf die Schulter, die Gruppe sagt dreimal einstimmig: "Nimm dein Kreuz auf dich und folge Jesus". Danach stellt der nächste Teilnehmer seine Karte vor und der Prozess beginnt von neuem.
- Bevor Sie anfangen, bitten Sie die Teilnehmer dreimal den Satz "Nimm dein Kreuz auf dich und folge Jesus" zu wiederholen, so wie sie es auch machen, nachdem jeder seine Karte präsentiert hat. Das wird jedem helfen, wie der Satz einstimmig gesagt werden soll.
- Wenn jeder in der Gruppe seine Karte präsentiert hat, gehen die Teilnehmer in eine andere Gruppe, die noch

nicht fertig ist, bis alle Teilnehmer in einer großen Gruppe sind, die alle Kursteilnehmer umfasst.
- Beenden Sie die Kurszeit, indem Sie eine Lobpreislied der Hingabe singen, das bedeutungsvoll für die Teilnehmer in der Gruppe ist.

Teil 3

QUELLENNACHWEIS

Weitere Lektüre

Ziehen Sie die folgenden Quellen zu Rate für eine tiefergehende Diskussion des vorgestellten Themas. In neuen Missionsfeldern ist dies auch eine gute Liste von Büchern, die als erstes nach der Bibel übersetzt werden können.

Billheimer, Paul (1975). *Destined for the Throne (Bestimmt für den Thron)*. Christian Literature Crusade.

Blackaby, Henry T. und King, Claude V (1990). *Experiencing God: Knowing and Doing the Will of God (Gott erfahren: den Willen Gottes kennen und tun)*. Lifeway Press.

Bright, Bill (1971). *How to Be Filled with the Holy Spirit (Wie man mit dem Heiligen Geist erfüllt wird)*. Campus Crusade for Christ.

Carlton, R. Bruce (2003). *Acts 29: Practical Training in Facilitating Church-Planting Movements among the Neglected Harvest Fields (Apostelgeschichte 29: Praktisches Training der Vereinfachung von Gemeindegründungs-Bewegungen in den vernachlässigten Missionsfeldern)*. Kairos Press.

Chen, John. *Training For Trainers (T4T) (Training für Trainer)*. Unveröffentlicht, kein Datum.

Graham, Billy (1978). *The Holy Spirit: Activating God's Power in Your Life (Der Heilige Geist: Gottes Kraft in deinem Leben freisetzen)*. W Publishing Group.

Hodges, Herb (2001). *Tally Ho the Fox! The Foundation for Building World-Visionary, World Impacting, Reproducing Disciples (Das Fundament zum Aufbau weltvisionärer, weltverändernder, nachahmender Jünger)*. Spiritual Life Ministries.

Hybels, Bill (1988). *Too Busy Not to Pray (Zu beschäftigt nicht zu beten)*. Intervarsity Press.

Murray, Andrew (2007). *With Christ in the School of Prayer (Mit Christus in der Schule des Gebets)*. Diggory Press.

Ogden, Greg (2003). *Transforming Discipleship: Making Disciples a Few at a Time (Verändernde Jüngerschaft: Mehrere Jünger gleichzeitig gewinnen)*. InterVarsity Press.

Packer, J. I (1993). *Knowing God (Gott kennen)*. Intervarsity Press.

Patterson, George und Scoggins, Richard (1994). *Church Multiplication Guide (Gemeindevervielfältigungs-Anleitung)*. William Carey Library.

Piper, John (2006). *What Jesus Demands from the World (Was Jesus von der Welt verlangt)*. Crossway Books.

Endnoten

1 Galen Currah und George Patterson, *Train and Multiply Workshop Manual (Handbuch für Trainings- und Vermehrungs-Workshops)* (Project World Outreach, 2004), S. 28.

2 Currah und Patterson, S. 17.

3 Currah und Patterson, Seiten 8, 9.

Anhang A

ÜBERSETZUNGSHINWEISE

Der Autor erteilt die Erlaubnis, dass dieses Trainingsmaterial in andere Sprachen übersetzt wird, so wie Gott es zeigt. Bitte halten Sie sich an die folgenden Richtlinien bei der Übersetzung des Folge Jesus Trainingsmaterials (FJT):

- Wir empfehlen, andere mit dem FJT einige Male zu unterrichten bevor mit der Übersetzung begonnen wird. Die Übersetzung sollte die Bedeutung betonen und nicht nur eine buchstäbliche oder Wort-für-Wort Übersetzung sein. Wenn z. B. "im Geist wandeln" mit "im Geist leben" in Ihrer Bibel übersetzt wird, verwenden Sie „leben im Geist" und verändern Sie die Handbewegung so wie es nötig ist.
- Die Übersetzung sollte in gebräuchlicher Sprache und nicht "religiöser Sprache" ihres Volkes sein soweit dies möglich ist.
- Verwenden Sie eine Bibelübersetzung, welche die meisten in Ihrer Gruppe verstehen können. Wenn es nur eine Übersetzung gibt und diese schwer verständlich ist, gestalten Sie die Formulierungen der Bibelzitate moderner, um sie klarer zu machen.
- Verwenden Sie einen Ausdruck, der eine positive Bedeutung für jedes der acht Bilder von Christus hat.

Oft muss das Trainigsteam mit dem „richtigen Ausdruck" mehrmals experimentieren bis der korrekte gefunden ist.
- Übersetzen Sie "Heiliger" (Saint) mit dem Ausdruck in ihrer Kultur, der eine heilige Person umschreibt, die lobpreist, betet und ein hohes moralisches Leben führt. Wenn das Wort, das für die Umschreibung von Jesu Heiligkeit in Ihrer Sprache dasselbe ist, wird es nicht nötig sein, „der Heilige" (Holy One) zu verwenden. Wir verwenden "der Heilige" (Holy One) hier, weil "Heiliger" (Saint) Jesus nicht ausreichend beschreibt.
- Es kann schwierig sein, "Diener" in einem positive Sinn zu übersetzen, aber es ist sehr wichtig, dass Sie das tun. Achten Sie darauf, dass der Ausdruck, den Sie wählen, eine Person beschreibt, die hart arbeitet, ein demütiges Herz hat und gerne anderen hilft. Die meisten Kulturen kennen den Gedanken eines "dienenden Herzens".
- Wir haben alle Theaterstücke in Südostasien entwickelt und sie passen generell in diese Kultur. Nehmen Sie sich die Freiheit, diese auf Ihre Kultur anzupassen, und stellen Sie sicher, dass Sie Dinge und Ideen verwenden, die Ihrem Volk vertraut sind.
- Wir würden gerne etwas über Ihre Arbeit erfahren und Ihnen helfen, wo immer wir können.
- Kontaktieren Sie uns unter *translations@FollowJesusTraining.com* damit wir zusammenarbeiten und sehen können, wie mehr Menschen Jesus nachfolgen!

Anhang B

Häufig Gestellte Fragen

1. Was ist das Hauptziel von *Ausbildung entschiedener Nachfolger?*

Eine kleine Gruppe von Gläubigen (die sich zum Lobpreis, Gebet und Bibelstudium treffen und gegenseitig verantwortlich sind, Jesu Geboten zu folgen) ist der Grundstein jeder gesunden Gemeinde oder langlebigen Bewegung. Unser Ziel ist es, Menschen die Möglichkeit zu geben, Jesu Strategie zur Erreichung der Welt anzuwenden, indem sie sie unterrichten, die ersten drei Schritte seiner Strategie anzuwenden: stark im Herrn zu wachsen, das Evangelium mitzuteilen und Jünger auszubilden. Der Missionar ist manchmal der Auslöser, aber niemals das Zentrum einer Jüngerschafts-Ausbildungs-Bewegung durch Jünger.

Unserer Erfahrung nach haben die meisten Gläubigen nicht die verändernde Art von Gemeinschaft erlebt, die eine Jüngerschaftsgruppe schafft. In einer Jüngerschafts-Ausbildungs-Bewegung durch Jünger schulen Familien sich gegenseitig während Familienandachten; Gemeinden schulen ihre Mitglieder in Jüngerschaftsgruppen und Sonntagsschulklassen; Kleingruppen schulen ihre Mitglieder wie sie sich gegenseitig schulen können; und neue Gemeindegründungen beginnen oft als kleine Jüngerschaftsgruppe. In einer Bewegung gibt es Jüngerschaftsgruppen überall.

2. Wo liegt der Unterschied zwischen ausbilden und lehren?

Verantwortlichkeit. Lehren füttert den Geist. Ausbildung füttert die Hände und das Herz. In einem Lehrrahmen spricht der Lehrer viel und die Schüler stellen ein paar Fragen. In einem Ausbildungsrahmen sprechen die Teilnehmer eine Menge und der Lehrer stellt ein paar Fragen. Nach einer Lehreinheit lautet die übliche Frage „Hat es ihnen gefallen?" oder „Haben sie es verstanden?". Nach einer Ausbildungseinheit lautet die Schlüsselfrage „Werden sie es anwenden?"

3. Was soll ich machen, wenn ich die Lektion nicht in der angegebenen Zeit abschließen kann?

Der Ausbildungsprozess im FJT ist sehr wichtig. Bringen Sie den Teilnehmern nicht nur den Inhalt bei, sondern wie sie auch andere ausbilden können. Teilen Sie die „Lern"-Phasen in die Hälfte, wenn Sie nicht genug Zeit haben, die gesamte Lektion bei einem Kurstreffen abzuschließen. Es ist besser, den Ausbildungsprozess beizubehalten und die Lektion auf zwei Teile aufzuteilen als einen Teil des Ausbildungsprozesses auszulassen.

Oft liegt die Versuchung darin, die Verantwortlichkeit und Übungszeiten zu überspringen, was das Material somit eher zu einem herkömmlichen Bibelkurs macht. Der Schlüssel zur Vermehrung liegt aber in Verantwortlichkeit und Übung. Lassen Sie das nicht unter den Tisch fallen! Verteilen Sie die "Lern"-Phasen stattdessen lieber auf zwei Kurstreffen und erhalten Sie den intakten Ausbildungsprozess.

4. Wie könnte ich überhaupt anfangen?

Fangen Sie bei sich selbst an. Sie können nichts geben, was Sie nicht selbst haben. Lernen Sie die Lektionen und wenden Sie diese täglich in ihrem Leben an. Begehen Sie nicht den weit verbreiteten Fehler, zu denken, dass Sie erst ein bestimmtes Niveau erreicht haben müssen, bevor Sie beginnen andere auszubilden. Es stimmt gleichermaßen, dass Sie nicht haben können, was Sie nicht geben. Wenn Sie gläubig sind, lebt der Heilige Geist in Ihnen und garantiert somit, dass Sie das nötige Niveau erreicht haben, um damit anzufangen andere auszubilden.

So wie es stimmt, dass Sie nicht weitergeben können, was Sie nicht gelernt haben, so stimmt es auch, dass Sie nicht lernen können, was Sie nicht unterrichtet haben. Tun Sie es einfach. Ziehen Sie los und bilden Sie andere aus mit absoluter Unbekümmertheit. Wenn Sie sich Gott da anschließen, wo er wirkt, wird es viele Gelegenheiten geben, andere auszubilden. Bilden Sie fünf Menschen mit der gleichen Intensität aus wie Sie 50 Menschen ausbilden würden und umgekehrt. Säen Sie wenig, ernten Sie wenig. Säen Sie viel, ernten Sie viel. Die Ernte die Sie erleben, steht meist in direktem Verhältnis zu Ihrem Einsatz, andere auszubilden.

5. Was bedeutet die "5er-Regel"?

Die Teilnehmer müssen eine Lektion fünfmal wiederholen bevor sie das nötige Selbstvertrauen haben, jemand anders auszubilden. Beim ersten Mal sagen die Teilnehmer: "Das war so eine tolle Lektion. Danke." Beim zweiten Mal (nachdem sie die Lektion unterrichtet haben) werden sie sagen: "Ich glaube, ich könnte diese Lektion vielleicht unterrichten, aber ich bin mir nicht sicher." Beim dritten Mal sagen die Teilnehmer: "Diese Lektion ist gar nicht so schwer zu unterrichten, wie ich dachte. Vielleicht kann ich es doch."

Beim vierten Mal sagen die Teilnehmer: "Ich kann erkennen, wie wichtig diese Lektion ist, und ich möchte andere ausbilden. Es wird jedes Mal leichter." Beim fünften Mal sagen die Teilnehmer: "Ich kann andere ausbilden wiederum andere auszubilden, wie diese Lektion funktioniert. Ich vertraue darauf, dass Gott diese Lektion gebraucht, um das Leben vieler Freunde und Verwandte zu verändern."

Das Üben einer Lektion beinhaltet entweder "sehen" oder "tun". Aus diesem Grund empfehlen wir, die Übungsphase zweimal zu durchlaufen. Die Teilnehmer sollten einmal mit ihrem Partner üben und dann mit einem anderen Partner tauschen und die Lektion wiederholen.

6. Warum verwenden Sie so viele Handbewegungen?

Am Anfang scheint es vielleicht kindisch, aber viele Menschen erkennen bald, dass es ihnen hilft, sich den Inhalt schneller zu merken. Der Einsatz von Handbewegungen hilft den Teilnehmern mit kinästhetischen und visuellen Lernstilen.

Seien Sie jedoch vorsichtig mit den Handbewegungen! Prüfen Sie erst die Bräuche der Menschen vor Ort, die Sie ausbilden und stellen Sie sicher, dass keine der Handbewegungen geschmacklos wirken oder etwas anderes bedeuten, als Sie meinen. Wir haben die Handbewegungen in diesem Handbuch in einigen Ländern Südostasiens einem Feldtest unterzogen, aber sie rechtzeitig zu überprüfen ist trotzdem sehr ratsam.

Seien Sie nicht überrascht, wenn Ärzte, Anwälte und andere gebildetere Teilnehmer das Lernen und Ausüben der Handbewegungen sehr gerne mögen. Ein Kommentar, den wir häufig hören, lautet: „Endlich! Das sind Lektionen, die ich anderen beibringen kann, und sie werden sie verstehen und anwenden."

7. Warum sind die Lektionen so einfach?

Jesus unterrichtete auf eine einfache und einprägsame Art. Wir verwenden Beispiele aus dem echten Leben (Theaterstücke) und Geschichten, weil es das ist, was Jesus tat. Wir glauben, dass eine Lektion nur dann nachvollziehbar ist, wenn sie dem „Servietten-Test" standhält. (Kann die Lektion bei einem einfachen Essen auf eine Serviette geschrieben werden und sofort vom Schüler nachvollzogen werden?) Die Lektionen im FJT „bringen sich selbst bei" und hängen davon ab, dass der Heilige Geist eine gute Saat pflanzt. Einfachheit ist ein Schlüsselfaktor bei Nachvollziehbarkeit.

8. Welche Fehler werden häufig bei der Ausbildung anderer begangen?

- *Der Aspekt der Verantwortlichkeit wird übersprungen:* Das typische Kleingruppentreffen besteht aus Lobpreis, Gebet und Bibelstudium. Das Training beinhaltet diese drei Komponenten, fügt aber noch Verantwortlichkeit mit einer „Übungs"-Phase hinzu. Die meisten Menschen denken, sie könnten andere nicht auf eine liebevolle Art verantwortlich machen, also lassen sie diesen Teil weg. Durch Beispiele und nicht verurteilende Fragen kann eine Gruppe sich jedoch gegenseitig Verantwortung abverlangen und bedeutsames geistliches Wachstum erkennen.
- *Man konzentriert sich nur auf ein paar wenige und nicht viele:* Das Konzept einer eins-zu-eins Jüngerschaft ist theoretisch gut, versagt aber in der Praxis. Anhand der biblischen Norm werden Jünger im Rahmen einer Kleingruppe ausgebildet. Jesus verbrachte die meiste Zeit mit Petrus, Jakobus und Johannes. Eine Gruppe von Menschen begleitete Petrus auf seinen Missionsreisen und half in der Gemeinde in Jerusalem. Die Briefe von Paulus sind voller

Listen von Menschengruppen, die er „zu Jüngern machte". Tatsächlich werden nur ca. 15 – 20 % der Menschen, die Sie ausbilden, auch selbst zu Ausbildern werden. Lassen Sie sich von dieser Tatsache nicht entmutigen. Sogar mit dieser Prozentzahl wird Gott eine Jüngerschaftsbewegung herbeiführen, wenn wir treu darin sind, die Evangeliums-Saat mutig zu verbreiten.

- *Es wird zu viel geredet:* In einer typischen Einheit von 90 Minuten wird der Trainer vielleicht insgesamt 30 Minuten mit den Teilnehmern sprechen. Die Teilnehmer verbringen die meiste Zeit in einer Kurseinheit mit Lobpreis, Gebet, mitteilen und üben. Viele mit einem westlichen Erziehungshintergrund gehen in die Falle, diese Zeitverteilung umzukehren.
- *Es wird auf nicht nachvollziehbare Art ausgebildet:* Der Schlüssel zu einer Jüngerschaftsbewegung liegt in der Nachvollziehbarkeit. Daher sind die wichtigsten Menschen, die Sie ausbilden, nicht einmal im Zimmer; sie sind die dritte, vierte und fünfte Generation von Nachfolgern, die wiederum andere Nachfolger ausbilden. Eine führende Frage muss lauten: "Werden Nachfolger der kommenden Generationen in der Lage sein, das was ich tue, genau nachzumachen und an andere weiterzugeben?" Was würde passieren, wenn die vierte Generation von Gläubigen dasselbe Material in ihren Kursen mitteilt, präsentiert, bereitstellt und zeigt wie Sie? Wenn Sie Ihnen einfach folgen können, ist es nachvollziehbar. Wenn Sie etwas verändern müssten, ist es nicht nachvollziehbar.

9. Was soll ich machen, wenn es keine Gläubigen in meiner unerreichten Volksgruppe gibt (UVG)?

- Lernen Sie das FJT Material und fangen Sie an, die Menschen in ihrer UVG zu Jüngern zu machen und

Zeugnis abzulegen. Das Folge Jesus Training gibt den Suchenden ein gutes Bild davon ab, wer Jesus ist und was es heißt, Christ zu sein. In Südostasien bilden wir oft Menschen zu Jüngern aus und evangelisieren sie dann. Das FJT zeigt Ihnen einen unbedrohlichen Weg, dies zu tun

- Suchen Sie Gläubige in einer eng verbundenen Volksgruppe – einer Gruppe, die wirtschaftliche, politische, geographische und kulturelle Ähnlichkeiten mit der Gruppe aufweist, die sie zu erreichen versuchen. Bilden Sie sie mit dem FJT Material aus und geben Sie eine Vision, deren Freunde in der zugehörigen Volksgruppe zu erreichen.
- Besuchen Sie theologische Seminare und Bibelschulen, um Menschen aus Ihrer UVG kennenzulernen.
- Oft hat Gott schon Leiter vorbereitet (wir erkennen sie nur oft nicht). Machen Sie die aus, die einen Elternteil aus Ihrer UVG haben. Oft haben diese Leiter eine Last für die UVG, aber wenig Erfahrung wie sie diese erreichen sollen.

10. Wie sehen die ersten Schritte für neue Nachfolger aus, wenn sie beginnen andere Nachfolger auszubilden?

Ermutigen Sie die Teilnehmer, dem einfachen Lobpreisformat zu folgen, das sie geübt haben. Die Gruppe lobpreist gemeinsam und betet dann zusammen. Im "Lern"-Teil unterrichten sie sich gegenseitig in einer der Lektionen des FJT oder erzählen eine Bibelgeschichte mit drei zugehörigen Fragen.

Im "Übungs"-Teil bringen Sie sich die Lektion nochmals gegenseitig bei. Die Teilnehmer üben das einfache Lobpreisformat neunmal während des Kurses und haben das Selbstvertrauen, eine Jüngerschaftsgruppe zu starten, wenn sie mit dem Kurs fertig sind.

11. An welchen unterschiedlichen Orten haben Trainer dieses Material verwendet?

Trainer haben das FJT folgendermaßen erfolgreich eingesetzt:

- *Seminar-Rahmen–* Die besten Teilnehmerzahl für ein Seminar liegt bei 24 – 30. Das Seminar dauert von 2,5 bis 3 Tagen, abhängig vom Bildungsstand der Teilnehmer.
- *Wöchentliche Treffen–* Die beste Teilnehmerzahl für wöchentliche Treffen liegt bei 10 – 12. Zusätzliche Übungszeiten für einfachen Lobpreis bringen die Trainigszeit auf 12 Wochen. Typischerweise finden die Treffen bei jemandem zu Hause oder in einer Gemeinde statt. Einige Trainer leiten zweiwöchige Gruppen mit dem Ansatz, dass diejenigen, die sie ausbilden in der Folgewoche jeweils wieder andere ausbilden. Es hat sich herausgestellt, dass dieser Ansatz eine Gemeindegründungsbewegung exponentiell beschleunigt.
- *Sonntagsschulklassen–* Die beste Teilnehmerzahl für eine Sonntagsschule liegt bei 8 - 12. Aufgrund der Länge des Ausbildungsprozesses wird die "Lern"-Einheit jeder Lektion normalerweise in die Hälfte unterteilt und über zwei Sonntage unterrichtet. Der einfache Lobpreis kann jedes Mal betont werden, so dass das Training 20 Wochen andauert.
- *Theologisches Seminar oder Bibelschulklassen–* Manche Trainer haben das FJT in einer einwöchigen intensive Rüstzeit und/oder auf Basis wöchentlicher Treffen während Evangelisations- oder Jüngerschaftskursen angewandt.
- *Konferenzen–* Große Gruppen von bis zu 100 Teilnehmern können im FJT Basis Jüngerschaftskurs ausgebildet werden, wenn zusätzliche Helfer dem leitenden Trainer bei den Gruppen und der Logistik helfen.
- *Predigten–* Nach Abschluss des FJT unterrichten Pastoren oft ihre Gemeinden in den Lektionen. Dies führt zu Interesse

und Schwung für jene, die andere anleiten, Jesus zu folgen. Die Versuchung liegt jedoch darin, das FJT Material zu „lehren" und nicht die Menschen darin „auszubilden". Die Pastoren müssen auf diese Gefahr aufpassen, wenn sie die Lektionen in Predigten verwenden. Pastoren sollten die Lektionen einsetzen, um Trainer in die Lage zu versetzen, andere in der Gemeinde auszubilden.

- *Missionsgespräche*– Missionare können ihren Unterstützern mitteilen, wie sie Einheimische auf eine praktische Weise ausbilden. Die Unterstützer stellen oft fest, wie aufregend es ist, auf einfache Art zu lernen, wie man Jesus nachfolgt und wie der Missionar im Missionsfeld arbeitet.
- *Fortbildung*– Einige Trainer verwenden Teile der Lektionen, um Leiter fortzubilden. Da FJT ganzheitlich ausgerichtet ist (jeder Teil verstärkt und erklärt andere Teile), kann ein Trainer an jedem Punkt mit dem Training beginnen und sicher sein, dass das Gesamtbild einer Nachfolge Jesu widergegeben wird.

12. Was soll ich tun, wenn Analphabeten oder Teilnehmer mit einer Lese-/Rechtschreibschwäche den Kurs besuchen?

Ach, was für Geschichten könnten wir über dieses Thema erzählen! Es wird gehen. Wir erinnern uns gut an einen Kurs in Thailand, der hauptsächlich von Frauen der Stämme in den nördlichen Bergregionen besucht wurde. In ihrer Kultur ist es Frauen verboten, lesen oder schreiben zu lernen bis sie das Teenager-Alter erreicht haben. Natürlich bedeutet das, dass die meisten es niemals lernen.

Normalerweise saßen die Frauen bei den Kurstreffen ruhig da und hörten zu, während die Männer lernten. Jedoch nahmen im Laufe von drei Tagen alle Frauen am Training teil aufgrund des Ansatzes der Handbewegungen im Folge Jesus Training. Wir baten einen Leser, die Bibelstellen laut vorzulesen (anstatt der ganzen Gruppe) und unterteilten die Frauen in Fünfer- oder Sechsergruppen (anstatt in Paare) für die Übungszeiten. Oft flossen während dieser drei Tage ungehinderte Tränen, wenn die Frauen sagten: „Jetzt haben wir etwas gelernt, dass wir anderen weitergeben können."

Anhang C

CHECKLISTEN

Vor dem Training...

- *Stellen Sie ein Gebetsteam zusammen* – Stellen Sie ein Gebetsteam von zwölf Leuten zusammen, die für das Training vor und während der Trainingswoche in Fürbitte gehen. Das ist SEHR wichtig!
- *Engagieren Sie einen Helfer* – Engagieren Sie einen Helfer, der mit Ihnen als Team unterrichtet, jemand der vor kurzem das FJT: *Ausbildung entschiedener Nachfolger* besucht hat.
- *Laden Sie Teilnehmer ein* – Laden Sie Teilnehmer auf eine kulturell sensible Weise ein. Sie können dafür Briefe verschicken, Einladungskarten etc. Die beste Größe für einen Kurs Ausbildung entschiedener Nachfolger ist ein Seminar mit 24 – 30 Teilnehmern. Wenn Sie mehrere Helfer haben, die Sie unterstützen, können Sie bis zu 100 Teilnehmer ausbilden. Der Ausbildung entschiedener Nachfolger Kurs kann am effektivsten auf einer wöchentlichen Basis mit einer Gruppe von drei oder mehr Teilnehmern erfolgen.
- *Stellen Sie die Logistik auf die Beine* – Arrangieren Sie Unterkunft, Mahlzeiten und Transport für die Teilnehmer je nach Bedarf.

- *Reservieren Sie einen Versammlungsort* – Arrangieren Sie einen Raum mit zwei Tischen im hinteren Teil des Raumes für Unterrichtsmaterial, Stühlen in einem Kreis für die Teilnehmer und viel Platz für die Übungen während des Kurses. Wenn es passender sein sollte, besorgen Sie eine Matte für den Boden anstatt Stühlen. Planen Sie auch zwei Pausen pro Tag mit Kaffee, Tee und Imbiss ein.
- *Stellen Sie Unterrichtsmaterial zusammen* – Stellen Sie Bibeln, Tafel/Flipchart und Filzstifte, Schulhefte, Lehrerscript, weißes Plakatpapier für jeden Teilnehmer für die Karten von Apostelgeschichte 29, Buntstifte und Wachsmalkreiden, Notizbücher (wie Schüler in der Schule sie verwenden), Kugelschreiber und Bleistifte zusammen.
- *Bereiten Sie Lobpreiszeiten vor* – Verwenden Sie Notenblätter oder ein Liederbuch für jeden Teilnehmer. Suchen Sie jemanden in der Gruppe, der Gitarre spielt und bitten Sie ihn/sie um Hilfe (wenn möglich). Der Titel jeder Lektion gibt das Thema für die Liedauswahl in dieser Kurseinheit vor.
- *Stellen Sie Requisiten zusammen* – Stellen Sie einen Ballon, eine Wasserflasche und Wettbewerbspreise zusammen.

Während des Trainings...

- *Seien Sie flexibel* – Halten Sie den Zeitplan ein, aber seien Sie flexibel genug, um Gott zu folgen bei dem, was er im Leben der Teilnehmer tut.
- *Betonen Sie Übung und Verantwortlichkeit* – Stellen Sie sicher, dass die Teilnehmer üben, sich gegenseitig in der Lektion zu unterrichten, nachdem Sie sie unterrichtet haben! Ohne Übung werden die Teilnehmer nicht das Selbstvertrauen haben, andere zu unterrichten. Es ist besser, die Lektion abzukürzen anstatt den Übungsteil auszulassen. Übung und Verantwortlichkeit sind die Schlüssel zu Vermehrung.

- *Binden Sie jeden in die Leitung mit ein* – Bitten Sie am Ende jeder Lektion eine andere Person, zu beten. Am Ende des Kurses sollte jeder mindestens einmal das Abschlussgebet gesprochen haben. Die Teilnehmer sollten abwechselnd den einfachen Lobpreis in ihrer Kleingruppenphase leiten.
- *Erkennen und fördern Sie die Gaben jedes Teilnehmers* – Ermöglichen Sie es den Teilnehmern, während des Trainings ihre Talente einzusetzen: Musik, Gastfreundschaft, Gebet, Unterricht, Humor, Dienen etc.
- *Wiederholung, Wiederholung, Wiederholung* – Lassen Sie den Wiederholungsteil am Anfang jeder Lektion nicht weg. Am Ende des Kurses sollte jeder Teilnehmer in der Lage sein, alle Fragen, Antworten und Handbewegungen widerzugeben. Erinnern Sie die Teilnehmer daran, sich gegenseitig zu unterweisen, so wie Sie sie unterrichtet haben. Sie sollten auch jedes Mal den Wiederholungsteil mit der Person durchgehen, die sie unterrichten.
- *Bereiten Sie eine Bewertung vor* – Machen Sie Notizen während jedes Kurstreffens über die Aspekte des Trainings, welche die Teilnehmer nicht verstehen oder Fragen, die sie Ihnen vielleicht stellen. Diese Notizen helfen Ihnen und Ihrem Helfer bei der Bewertung hinterher.
- *Lassen Sie die einfachen Lobpreiszeiten nicht weg* – Einfacher Lobpreis ist ein wesentlicher Bestandteil des Trainingsprozesses. Wenn die Teilnehmer sich sicher fühlen in der Leitung einfacher Lobpreiszeit, werden sie Selbstvertrauen gewinnen, eine Gruppe nach dem Kurs zu starten.

Nach dem Training…

- *Bewerten Sie jeden Aspekt des Trainings mit Ihrem Helfer* – Nehmen Sie sich Zeit, die Trainingsphase mit Ihrem Helfer zu begutachten und zu bewerten. Erstellen Sie eine Liste

der positiven und negativen Punkte. Erstellen Sie einen Plan, das Training beim nächsten Mal zu verbessern.
- *Nehmen Sie Verbindung auf mit möglichen Helfern bei zukünftigen Kursen* – Kontaktieren Sie zwei bis drei Teilnehmer, die Leitungspotential während des Trainings gezeigt haben bezüglich Mithilfe bei einem Ausbildung entschiedener Nachfolger Kurs in Zukunft.
- *Ermutigen Sie die Kursteilnehmer zum nächsten Kurstreffen einen Freund mitzubringen* – Ermutigen Sie die Teilnehmer beim nächsten Treffen mit einem Freund aufzutauchen. Dies ist ein effektiver Weg, die Anzahl von Trainern, die andere ausbilden, zu steigern.

ZEITLICHER RAHMEN

Verwenden Sie dieses Handbuch zur Durchführung eines dreitägigen Seminars oder 12-wöchigen Trainingsprogramms. Jede Lektion in beiden Zeitplänen benötigt ca. 1,5 Stunden und verwendet den „Training von Trainern"-Prozess auf Seite 21.

Basis Jüngerschafts-Kurs – Drei Tage

	Tag 1	Tag 2	Tag 3
8:30	Einfacher Lobpreis	Einfacher Lobpreis	Einfacher Lobpreis
9:00	Willkommen	Gehorsam	Säen
10:15	*Pause*	*Pause*	*Pause*
10:30	Vermehrung	Wandeln im Geist	Nachfolgen
12:00	Mittagspause	Mittagspause	Mittagspause
13:00	Einfacher Lobpreis	Einfacher Lobpreis	Einfacher Lobpreis
13:30	Liebe	Gehen	Kreuz auf sich nehmen
15:00	*Pause*	*Pause*	
15:30	Gebet	Mitteilen	
17:00	Abendessen	Abendessen	

Basis Jüngerschafts-Kurs – Wöchentlich

Woche 1	Willkommen einfacher Lobpreis	*Woche 7*	Wandeln im Geist
Woche 2	Vermehrung	*Woche 8*	einfacher Lobpreis
Woche 3	Liebe	*Woche 9*	Gehen
Woche 4	einfacher Lobpreis	*Woche 10*	Mitteilen
Woche 5	Gebet	*Woche 11*	Nachfolgen
Woche 6	Gehorsam	*Woche 12*	Kreuz auf sich nehmen

Weitere Quellen

Website

Aktuelle Übersetzungen

Lehrbücher

www.ingramcontent.com/pod-product-compliance
Lightning Source LLC
Chambersburg PA
CBHW071457040426
42444CB00008B/1389